Camino

de San Salvador

für BauchfüRler

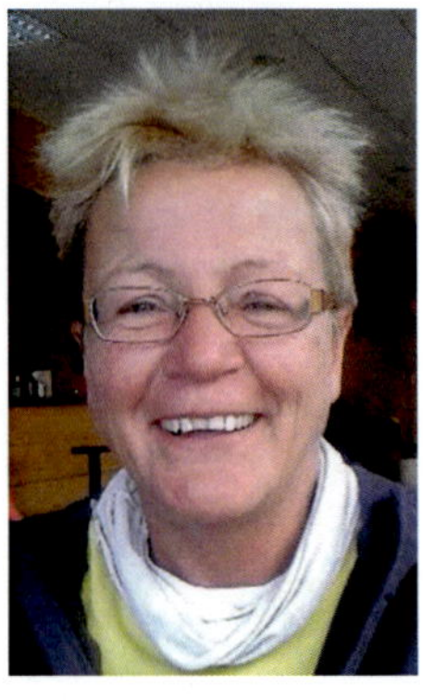

Hola!

Mein Name ist Andrea Ilchmann und ich bin Pilger. - Moment, das klingt so schön, das muss ich gleich noch einmal sagen: Ich bin Pilger!

Geboren wurde ich an einem trübtrubsigen Sonntag 1963 in Hanau. Ich krabbelte im hessischen Seligenstadt eine Weile vor mich hin, verbrachte viel Zeit in den Ecken und vor den Türen irgendwelcher Klassenzimmer (ich glaube, meinen Schulabschluss habe ich nur bekommen, weil die Lehrer mich nicht länger ertragen wollten), probierte meine pädagogischen Fähigkeiten erst in einem Kindergarten aus, dann ein paar Jahre als Sekretärin/Assistentin an meinen Chefs, lernte meinen lieben Mann und Göttergatten Thomas kennen, wir beschlossen, eigene Leben zu bekommen, Felix, Dennis und Marius, und – schwups - klopfte ich alle ach so fein angelesene Pädagogik in die Tonne.

Weil der Mensch ja etwas erleben muss, zogen wir 1996 ins badische Waghäusel. Die Menschen waren sofort so lieb zu uns, dass wir hier nie wieder weg wollen. Das haben sie nun von ihrer Freundlichkeit!

Als unsere Leben eigenständig wurden, nutzten Thomas und ich die Gunst der Freiheit und zogen 2009 zum ersten Mal aus, das Pilgern zu probieren. Es dauerte zwei Tage, dann wollte ich mir ein Leben ohne diese Auszeit nicht mehr vorstellen: Mit dem Rucksack irgendwo und am liebsten ganz weit im Nirgendwo – da hat man viel Zeit sich zu betrachten, zu hinterfragen, zu sortieren und neu aufzustellen. Den eigenen Körper zu fühlen, die eigenen Gedanken zu hören … ist nicht immer schön - aber unsagbar wertvoll!

Camino
de San Salvador
für BauchfüRler

4. Auflage, Februar 2026
Veröffentlicht ganz mit ohne Verlag

Keltenstraße 19
68753 Waghäusel
andrea-ilchmann.jimdofree.com

Umschlag: Steffen Hoffner, mein Held der schönen Drumherums
Karten: komoot.com
Druckmichfein: JVA Bruchsal, http://www.vaw-baden-wuerttemberg.de/
Pilgern: Ihr!

ISBN 978-3-9816815-1-2

Danke!

Meine Lieblingshospitaleros auf dem Camino Francés sagten einmal:

„Pilger gibt es, weil es den Camino gibt, und den Camino gibt es, weil es Pilger gibt. Ohne sie wäre er nur ein Weg wie jeder andere. Es ist nicht wichtig, welcher Religion man angehört oder wie man den Gott nennt, an den man glaubt. Wichtig ist nur, dass man den Geist des Caminos fühlt, ihn spürt und ein bisschen selbst zum Geist des Caminos wird!"

Als ich mich 2009 zum ersten Mal mit dem Rucksack auf den Weg nach Santiago de Compostela machte, war ich eigentlich nur neugierig und wollte halt mal Pilger gucken. Was daraus geworden ist, kann ich bis heute nicht wirklich glauben.
Ich habe auf und durch meine Caminos so viele besondere Menschen kennengelernt: Menschen, die auf dem Weg nicht nur die Nacht im Vielbettgelege mit mir teilten, sondern ihre Lebensgeschichten, die mit mir lachten und weinten, auch mal sehr inbrünstig schimpften und fluchten oder aus voller Kehle grölend über nicht so schöne Wegpassagen rockten, Menschen, die wortlos für mich da waren, wenn mein Bauch mir aus den Augen tröpfelte, Menschen, die mich ein Stück begleiteten oder am Ende erwarteten, Menschen die zu Hause meine Wanderungen verfolgten, die auch noch auf die unmöglichste Frage zur unmöglichsten Uhrzeit einen Rat oder Tipp wussten, Menschen, die mich Anteil haben ließen an ihren Pilgerreisen, Menschen, die mir großartige Momente schenkten ...

Menschen, die einfach nur ein Geschenk sind, die diesen Geist in sich tragen und die Caminos zu dem machen, was sie sind:
Ganz besondere Wege mit ganz besonderen Menschen,
die mich ein bisschen demütig machen und unendlich dankbar.

Die Bilder in diesem Büchlein stammen ausschließlich von meiner eigenen Speicherkarte und die Tippfehler sind gar keine Tippfehler, sondern *dichterische Freiheit*. Ich finde es immer so schade, dass unser Wortschatz auf das beschränkt sein soll, was in einem Wörterbuch steht. Es gibt doch so viele Unterschiede: Es gibt rechts, geradeaus, links – aber rechtsgeradeaus gibt es doch auch! Nein, das ist dann nicht halbrechts, sondern ein bisschen weiter links.

Im Internet habe ich mir ganz viele Informationen zusammengesucht; ein Quellenverzeichnis möchte ich mir und euch jedoch ersparen. Dies ist ja keine Doktorarbeit!

Wenn euch beim Pilgern Änderungen oder Ergänzungen begegnen, würde ich mich sehr über eine E-Mail freuen, damit ich die in meine Updates und die nächste Auflage einarbeiten kann. Ganz vielen Dank dafür!

Willkommen im
Camino de San Salvador für Bauchfüßler!

Kommt herein und holt euch ein bisschen Vorfreude vor und Hilfe auf eurem Weg. Denn das ist das, was ich möchte: Eure Vorfreude schüren, euch so viele Informationen wie möglich anbieten, damit ihr euch die herauspicken könnt, die ihr braucht oder mögt, und unterwegs im Notfall griffbereit sein und euch dort abholen, wo es mit den gelben Pfeilen vielleicht doch nicht sooo gut geklappt hat.

Wenn ihr nach eurer Wanderung das Büchlein noch einmal in die Hand nehmt und denkt, ‚ja, genau! Da habe ich gesessen und dort habe ich Spinnweben fotografiert (verdreht nicht die Augen! Ihr glaubt gar nicht, was Menschen auf dem Camino für komische Sachen machen!) und …‘, dann wäre das für mich die Cocktailkirsche auf dem Sahnemützchen.

Die Kapitel habe ich kurzgehalten und so gestaltet, dass sie an Herbergen enden. So wisst ihr immer, wie weit es zum nächsten Vielbettgelege ist und könnt ganz nach Lust, Laune und Tagesform entscheiden, ob ihr weitergehen oder bleiben möchtet.

Wundert euch bitte nicht, dass ich Ortsnamen „falsch“ geschrieben habe. Es gibt meist zwei verschiedene Schreibweisen der Eigennamen, eine asturleonesische und eine in Castellano (Hochspanisch).

Hauptwörter werden im Spanischen klein geschrieben. Spanische Hauptwörter in einem deutschen Text klein geschrieben tun allerdings einfach nur den Augen weh und sind total verwirrend. Darum lasse ich diese Regel Regel sein.

Dass ich keine „Professionelle“ bin, erkennt ihr an meinen Karten. Ich habe sie so gestaltet, dass Straßen und breite Wege zur Orientierung dargestellt werden.

Zusätzlich kommt ihr mit diesem QR-Code auf meine Karten- und Updates-Seite

https://andrea-ilchmann2.jimdofree.com/camino-de-san-salvador-karten-und-updates/

und könnt dort auf alle Routen, Neuigkeiten, Ergänzungen und aktuelle Informationen zugreifen.

Was ihr sicher inzwischen auch gemerkt habt, ist, dass ich der trockenen Beschreibungen nicht mächtig bin. Ich kann das nicht und ich möchte es auch nicht. Wer auszieht, um zu pilgern, der tut das nicht auf einer fein und bis zum letzten Unterton ausgefeilten Kopfebene, sondern mit dem Herzen, der ist unterwegs manchmal nur Bauch und Füße – ein Bauchfüßler eben. Was man dann ganz bestimmt nicht brauchen kann, ist ein Staubtuchwortbuch.

So, nun wünsche ich euch viel Vorfreude beim Lesen, ganz viel Spaß bei euren Vorbereitungen und einen wunderschönen Weg voll Eindrücken und Erinnerungen, die ihr ganz sicher nie wieder missen möchtet!

¡Buen Camino! – einen guten Weg!

Was steht wo?

Das Heilige Jaköbchen, die Muschel und wer hat sich eigentlich die gelben Pfeile ausgedacht?

Jakobus der Ältere, Sohn des Fischers Zebedäus und der Salome (Schwester von Maria), Bruder des Apostels Johannes, zählte zu den Erstberufenen. Weil Johannes und er so eifrig waren, nannte Jesus sie liebevoll „Donnersöhne". Beide waren bei seiner Verklärung anwesend (Math. 17, 1 - 13) und begleiteten ihn zum Garten Getsemani (Markus, 14, 33).
Die Legende sagt, Jakobus habe am Santiaguiño do Monte bei Padrón (Camino Portugués) erstmals das Wort Gottes auf spanischem Boden verkündete. Da seine Missionsarbeit nicht sehr erfolgreich war, kehrte er nach Judäa zurück und wurde im Jahr 43 von König Herodes Agrippa I. enthauptet. Damit war er der erste Märtyrer unter den Aposteln. Auf dem Weg zu seiner Richtstätte soll er noch einen Lahmen geheilt und um eine Flasche Wasser gebeten haben, um Josias, seinen Henker, zu taufen … der prompt ebenfalls seinen Kopf verlor.

Concha **– die Muschel aus dem Reich der Sagen und Legenden**
Jakobus Schüler Teodoro und Atanasio legten seinen Leichnam in ein Boot, bedeckten ihn, so lautet eine Legende, zum Schutz vor Sonne und Vögeln mit Muscheln und fuhren mit ihm sieben Tage „von Engeln geleitet" über das Meer. Eine andere Überlieferung erzählt, dass der Leichnam des Apostels vom Strahl eines Sterns begleitet wurde, der das Ross eines Ritters, der ihnen entgegeneilte, so erschreckte, dass es scheute und sich samt Reiter ins Meer stürzte. Meine Lieblingslegende lässt die Barke in Küstennähe in Seenot geraten. Das sah ein Ritter, der mit seinen Freunden auf dem Weg zu einer Hochzeit war, und trieb sein Pferd in die Fluten, um zu helfen. Dabei versank er und drohte zu ertrinken. Diese beiden Geschichten enden damit, dass Ross und Reiter wundersam errettet wurden und über und über mit Muscheln bedeckt dem Wasser entstiegen.
Im Mittelalter galt die *Concha* als Zeichen der erfolgreich abgeschlossenen Wallfahrt nach Santiago de Compostela. Heute wird sie von Jakobspilgernden bereits auf der Wanderung getragen und dient als Erkennungszeichen.

Traslación – Überführung des Leichnams von Jakobus

Teodoro und Atanasio landeten in der Mündung des Flusses Ulla, befestigten die Barke am Stein Pedrón (Padrón, Camino Portugués) und hoben den Körper des Apostels auf einen großen Stein, der sich „wie ein Sarg um ihn legte". Jacobus de Vragine (1228/29 – 1298) erzählt in seiner „Legenda aurea" (goldene Legende, eine Sammlung von 182 Abhandlungen über Kirchenfeste) weiter, sie baten Königin Lupa um einen angemessenen Platz als Grablege, doch die verwies sie lediglich an den König, der die beiden umgehend in den Kerker werfen ließ, aus welchem sie durch die Hilfe eines Engels entkommen konnten. Als sie abermals bei Lupa vorstellig wurden, griff diese zu einer List: „Gehet hin und nehmet von meinen Rindern, die auf jenem Berge (Pico Sacro, Camino de Invierno) weiden, und schirret damit den Wagen, so mögt ihr den Leichnam eures Herrn herführen und ihm die Stätte bereiten, die ihr wollt." So reisten die beiden Schüler des Apostels zu dieser Anhöhe, nicht ahnend, dass sie dort nur wilde Stiere vorfinden würden, die sich noch dazu in Gesellschaft eines Drachen befanden. Der empfing sie seiner Art entsprechend mit seinem heißen, feurigen Odem. Atanasio und Teodoro jedoch blieben unerschüttert und machten das Kreuzzeichen, woraufhin der Lindwurm – solche Wendungen mag ich gar nicht! – in zwei Teile zerbrach. Zwei weitere Kreuzzeichen später hatten sie zwei der Stiere zu lammfrommen Zugtieren bekehrt, spannten sie vor den Wagen mit dem steinernen Sarg ihres Meisters und konnten sich ein bisschen ausruhen, denn die Tiere trotteten, nachdem sie an der Capilla de Santiaguiño (Camino de Invierno) eine Verschnaufpause eingelegt hatten, ohne ihr Zutun mittenmang in den Palast der Lupa, die sich nunmehr nicht nur christlich taufen ließ, sondern prompt ihren Palast als erste Santiago-Kirche zur Verfügung stellte.

⁂ Die Traslación wird alljährlich am 30. Dezember in Padrón und Santiago de Compostela gefeiert.

Das Grab des Heiligen geriet in Vergessenheit und wurde Anfang des 9. Jh. vom Eremiten Pelayo wiederentdeckt. Ihm fielen Sterne auf, die besonders hell auf einen bestimmten Punkt wiesen. Hier und da singt in den Quellen ein Engelschor dazu. Ob er das Apostelgrab selbst fand oder ob es ihm, je nach Schönheit des Frohlockens der himmlischen Heerscharen, gruselte und er den Bischof von *Ira Flavia* (Padrón) rufen und ihn es finden ließ … Jedenfalls wurde es durch ihn gefunden, Alfonso II. *el Casto,* der Keusche (s. S. 27), veranlasste den Bau einer Kirche, machte sich von Oviedo (Camino

Primitivo) auf zur ersten Wallfahrt nach Santiago de Compostela überhaupt und gab damit den Startschuss für einen Pilger-Run, der besonders ab 1122, als Papst Calixt II. der Stadt das Privileg erteilte, einen vollständigen Ablass gewähren zu dürfen, seinesgleichen vergeblich suchte.

***Flecha amarilla* - der gelbe Pfeil**

Im Laufe der Zeit verzog sich der Sturm und die Jakobspilgerschaft staubte ein wenig ein. Dann war es Don Elías Valiña Sampedro, Pfarrer von O Cebreiro (Camino Francés), der wieder neuen Schwung ins Zufußgehergetriebe brachte: Er verfasste u. a. den ersten neuzeitlichen Pilgerführer (sozusagen den Uropa dieses Bauchfüßlers) und machte sich ab 1984 mit einem Pinsel und gelber Farbe, die gab es nämlich gerade im Angebot, auf, den Camino de Santiago neu zu kennzeichnen. Nun stellt euch bitte mal dieses Bild vor: Mitten in den Unruhen der ETA (Euskadi ta Askatusana, 1959 als Widerstandbewegung gegen die Franco-Diktatur gegründete separatistische Untergrundorganisation, die bis zu ihrer Auflösung am 2. Mai 2018 im Kampf für ein von Spanien unabhängiges, sozialistisches Baskenland und Navarra zahlreiche blutige und tödliche Anschläge verübte) wuselt einer durch das Baskenland und pinselt gelbe Pfeile! Freilich wurde er von der Polizei gefragt, was er denn da täte. Seine Antwort war: „Ich bereite eine Invasion vor". – Und recht hatte er: Die Anzahl der in Santiago de Compostela ankommenden Pilgernden stieg von 5.760 im Jahr 1989 auf 499.239 im Jahr 2024 (nur die, die durch den Erhalt einer *Compostela* (s. S. 16) registriert wurden).

Europäische Kulturroute

Am 23. Oktober 1987 wurden die Jakobswege vom Europarat zur Europäischen Kulturroute ernannt. Seine Begründung:

„Jahrhundertelang konnten Pilger neue Traditionen, Sprachen und Lebensweisen entdecken und kulturell bereichert nach Hause zurückkehren, was in dieser Zeit selten war, als Fernreisen noch erhebliche Gefahren bargen. Damit sind die Pilgerwege nach Santiago nicht nur ein Symbol, das für Tausend Jahre europäischer Geschichte steht, sondern auch ein Modell für die kulturelle Zusammenarbeit für ganz Europa."

Dem ist nur hinzuzufügen, dass die Jakobswege damit die ersten Routen waren, die diese Auszeichnung erhielten (inzwischen gibt es 45 von ihnen).

Ein bisschen Pilgerlatein

***Albergue* – Herberge**

In Vielbettgelegen zu schlafen ist sicher nicht jederpilgerleins Sache, allerdings habt ihr in *Albergues* die Möglichkeit, euch mit anderen Pilgernden auszutauschen und einen schönen Abend zu verbringen – zumindest bis 22.00 oder 23.00 Uhr, dann heißt es in vielen Herbergen: Licht aus!

In vielen Unterkünften erhaltet ihr von den *Hospitaleros* (s. u.) einen Einmalbezug, um die Matratze abzudecken (oder auf denen aus Plastik nicht anzukleben). Manchmal möchte man ihn sich am liebsten in die Ohren stopfen! Nein, ich meine nicht das Geschnarche, denn dafür kann niemand etwas (hier helfen Ohrstöpsel (mit einem Multifunktionstuch halten sie auch) oder einfach der Gedanke: ‚Der schnarcht, der schläft jetzt so schöchrrrrr!'). Sehr „beliebt" ist das Knistern mit Plastik- oder Zipp-Beuteln und lauter, mit Stirntaschenlampen illuminierter Tumult am frühen Morgen. Dabei wäre alles so einfach: Kompressionssäcke sind sehr viel geräuschloser, wer zeitig aufbrechen möchte, könnte seine Sachen abends so richten, dass er morgens nicht den ganzen Schlafsaal weckt und – Achtung! – wer sich einen Wecker stellt, sollte sich NICHT die Ohren verpfropfen! – Fragt nicht!

Private Unterkünfte sind teurer als die öffentlichen (im Text meist *Albergue de Peregrinos)*, was nicht heißt, dass sie komfortabler sind. Ich denke, am Ende liegt die Schönheit einer Herberge nicht in der Ausstattung, sondern hängt davon ab, ob man in ihr fröhliche Stunden mit netten Menschen verbracht hat. Also: Seid nett und fröhlich und macht euch selbst zur wandelnden schönsten *Albergue* des Weges!

Einige Herbergen tragen sich auf Spendenbasis. Dazu habe ich in einem spanischen Pilgerführer einen kleinen, schönen Gedanken gefunden:

„Manchmal denken wir, dass das, was wir tun, ein Tropfen im Meer ist,
aber dieses Meer wäre weniger ohne diesen Tropfen.
Andere Pilger haben es mit ihrer Spende möglich gemacht,
dass du heute hier schlafen kannst,
tu du das Gleiche für den Pilger, der nach dir kommt!"

Año Santo Compostelano/Jacobeo – Heiliges Compostelanisches Jahr
Santiago de Compostela erhielt 1122 von Papst Calixt II. das Privileg, ein eigenes Heiliges Jahr ausrufen zu lassen. So wird, losgelöst vom Annus Sanctus, dem vom Papst ausgerufenen Heiligen Jahr, am Grab des Jakobus ein Heiliges Compostelanisches Jahr gefeiert, und zwar immer dann, wenn der Gedenktag des Apostels, der 25. Juli, auf einen Sonntag fällt (2027, 2032, 2038, 2049). In diesen zwölf Monaten wird die Gnadenpforte Puerta del Perdón der Kathedrale geöffnet und der berühmte Weihrauchkessel Botafumeiro schwingt zu jeder Pilgermesse.

Bettwanzen – ***Chinches***
Man kann sie verschweigen, aber dann gibt es sie ja trotzdem. Sie sind auch kein spezifisches Problem der Caminos, aber durch den täglichen Bettenwechsel ist das Risiko erheblich und verbreitet sich rasant.
Um euch selbst und andere bestmöglich zu schützen, lasst nur Dinge die Betten berühren, die unbedingt notwendig sind, trennt diese möglichst sorgfältig von den anderen Sachen in eurem Rucksack (Kompressionsbeutel, eigenes Rucksackfach) und nutzt Schränke. Informiert die *Hospitaleros* (s. u.) von Begegnungen, unterzieht eure Sachen einer Kochwäsche (Bettwanzen vertragen keine Temperaturen über 62 Grad) oder steckt die, die keine Metallteile haben, für mind. 30 Sekunden in eine Mikrowelle.
Lasst zuhause alles vor der Türe und gebt es auf direktem Weg in die Waschmaschine oder Gefriertruhe (mind. 3 Tage bei mind. -13°). Falls eine Socke diese Behandlung nicht übersteht: Ein Kammerjäger ist sehr viel teurer!

Brunnen - ***Fuente***
Ich werde einige Brunnen erwähnen, bitte euch aber, sie mit Vorsicht zu genießen: Nicht alle haben gespuckt und bei denen, die spuckten, möchte ich nicht meine Hand dafür ins Feuer legen, dass man hinterher nicht selbst spuckt. Viele Brunnen sind mit *potable,* trinkbar, oder *no potable,* nicht trinkbar, gekennzeichnet.

Camino
Camino heißt Weg und führt *de Santiago* zum Grab des Apostels Jakobus, Santiago. Der Begriff Camino hat sich allerdings unter Pilgern nicht nur so durchgesetzt, dass er zu einem Synonym für Jakobsweg geworden ist, sondern ist ihnen (und mir) zu einem lieben und mit vielen schönen Gefühlen verbundenen, gebräuchlichen Ausdruck geworden.

Centro de Salud/Centro de Saúde – im Ärztehaus werdet ihr geholfen!

Codex Calixtinus – Jakobusbuch
Lange schrieb man fälschlicherweise das Jakobusbuch Papst Calixt II. zu und benannte es nach ihm, tatsächlich aber stammt es wahrscheinlich vom französischen Gelehrten Aimericus Picaudus. Es handelt sich dabei um eine zusammengetragene Sammlung von Handschriften, die von der Traslación, der Überführung des Leichnams des Apostels nach Spanien (s. S. 12), sowie 22 ihm zugeschriebenen Wundern (meist an in Not geratenen Pilgernden) erzählen und von den Schlachten Karls des Großen in Spanien berichten. Außerdem enthält er Anleitungen, Texte und Gesänge zur Feier der Messe am Festtag des Heiligen Jakobus (25. Juli) und vor allem einen allerersten Pilgerführer (also den Urururururopa dieses Bauchfüßlers) mit genauen Beschreibungen der Wege aus Frankreich nach Santiago de Compostela.
Am 5. Juli 2011 verschwand dieses Werk aus den Archiven der Kathedrale von Santiago de Compostela und wurde genau ein Jahr später in der Garage eines Elektrikers, der bis zu seiner Entlassung eben dort beschäftigt war, wieder aufgefunden.

Compostela - Urkunde
Bereits seit dem 13. Jh. gibt es ein Schreiben, das die abgeschlossene Wallfahrt nach Santiago de Compostela beglaubigt.
Um sie zu erhalten, müsst ihr

- **anhand der Stempel in eurem Credencial** (s. u.) **nachweisen, dass ihr die letzten 100 km zu Fuß** (200 km zu Pferd oder Fahrrad) **zurückgelegt habt.**
- **Für den Camino de San Salvador gibt es eine eigene Urkunde, die Salvadorana (s. u.).**

Credencial – der Ausweis der Jakobspilger

Ohne ihn gibt es in den Herbergen kein Bettchen und dann müsst ihr womöglich in einem Stall übernachten und ein Kind gebären und dann beschweren sich die Nachbarn, weil die Engel so laut singen, und … Bestellen könnt ihr ihn bei einer Jakobus-Gesellschaft (z. B. Aachen, Paderborn, Würzburg …) und ein bisschen an ihm schnuppern, denn er riecht nach der großen, weiten Pilgerwelt! Mit dem Credencial sammelt ihr *Sellos*, Stempel, und weist mit ihnen in Santiago de Compostela eure Wanderung nach, um eine Compostela (s. o.) zu bekommen.

Auf ihm könnt ihr euren ganzen Pilgerweg nachvollziehen und ihn zu verlieren wäre in ganz vieler Hinsicht wirklich tragisch. Darum ein Tipp: Wenn ihr eure Telefonnummer auf ihm vermerkt, ist es im Falle des Falles sehr viel leichter, ihn vielleicht durch einen mitpilgernden *Postillion de Credencial* wiederzubekommen.

***Cruceiros* – Wegkreuze die Halsknödel machen**

Ihr werdet auf eurer Wanderung an ganz vielen Wegkreuzen vorbeikommen und jedes einzelne von ihnen ist zumindest eine kurze Betrachtung wert! Natürlich haben alle Wegkreuze etwas Besonderes: An ihnen haben sich Reisende schon vor Jahrhunderten orientiert. In Spanien sind sie jedoch ein bisschen spezieller, meist wirklich sehr alt und haben ganz oft zwei Seiten: Eine zeigt Christus am Kreuz, die andere Maria als Virgem da Dor/Virgen de los Dolores, schmerzhafte Muttergottes (Pietà) mit dem Leichnam Jesus auf dem Schoß. Manchmal findet man auf den Schäften auch Heilige und freilich auch den Apostel eurer Wanderung.

Cruz de Santiago - Jakobuskreuz

Es übernahm das Schwert, das der Heilige Jakobus der Legende nach in der Schlacht von Clavijo (s. S. 25) als *Matamoros* (s. u.) geführt haben soll (Schneide nach unten) und verband es zum Zeichen der Liebe zu Jesus Christus mit einem Lilienkreuz.

Espadañas - Glockenwände

Es wird euch sicher auffallen, dass die Glockentürme in Spanien ein bisschen anders aussehen. Eigentlich sind es mehr Glockenwände, die auch Kodonostasien genannt werden.

***Hospital/Hospitaleros* – mehr als eine Unterkunft**

Lange bevor Ärztehäuser erfunden wurden, erhielten Pilgernde in *Hospitals* meist von Ordensleuten Unterkunft und vor allem Pflege bei Krankheiten und Verletzungen, wurden gespeist, getränkt, aufgepäppelt und für ihren weiteren Weg lauffein gemacht. Die *Hospitaleros* waren nicht nur Herbergseltern, sondern Krankenpfleger, Seelsorger und so etwas wie die guten Geister der Caminos. Dazu gehört/e ganz viel Herzblut, das sich viele ihrer Nachfolger erhalten haben.

***Matamoros* – der Maurentöter**

Die Darstellung des Heiligen Jakobus mit schwingendem Schwert auf einem Schimmel über die entsetzten und schmerzverzerrten Gesichter der Mauren hinwegfegend entstammt der Legende um die Schlacht von Clavijo (s. S. 25).

Orden de Santiago - Santiago-Orden

Der im Jahr 1170 von Alfonso VIII. gestiftete Orden, der den Regeln der Augustiner unterstand (Verzicht auf Privatbesitz, Enthaltsamkeit, Unterordnung in der Ordensgemeinschaft und regelmäßiges Gebet; zwar empfahl der Papst ihnen den Zölibat, doch waren die Ritter oft nicht nur verheiratet, sondern ihre Gattinnen galten ebenfalls als Ordensmitglieder), widmete sich zunächst vor allem dem Schutz der Pilgernden auf ihrem Weg nach Santiago de Compostela, beteiligte sich aber auch an der Reconquista (s. S. 24), wurde von den leonesisch-kastilischen Monarchen mit Grundbesitz und umfassenden Rechten ausgestattet und genau deswegen nach dem Abschluss der Rückeroberung 1492 auf Ersuchen der *Reyes Católicos*, Katholische Könige (s. S. 26), aufgehoben.

Salvadorana – die Compostela des Camino de San Salvador

Am Ende eures Weges in Oviedo könnt ihr euch eine Urkunde darüber ausstellen lassen, dass ihr den Camino de San Salvador absolviert habt. In der Albergue Las Carbajalas in León, aber auch in den anderen Herbergen sowie der Asociación Pulchra Leonina de Amigos del Camino (s. S. 44), könnt ihr euch einen Pilgerausweis extra für diesen Weg aushändigen lassen oder ihr benutzt einfach ein Credencial (s. o.). Voraussetzung zum Erhalt der Salvadorana ist, dass ihr von jedem eurer Etappentage einen Stempel vorweisen könnt. Ihr erhaltet diese Urkunde in Oviedo in der Kathedrale sowie der Albergue de Peregrinos de El Salvador (s. S. 93).

Santiago
So heißt der Heilige Jakobus in Spanien.

Sello – **Stempel**
Mit den Stempeln im Credencial weist ihr euren Pilgerweg nach. Für ganz viele Pilgernde sind sie nicht nur Stempel, sondern Erinnerungen an besondere Orte, Momente oder Menschen und werden ganz individuell, oft aber zahlreich gesammelt.

Lieber Gruß an Pilgernde, Cabanillas

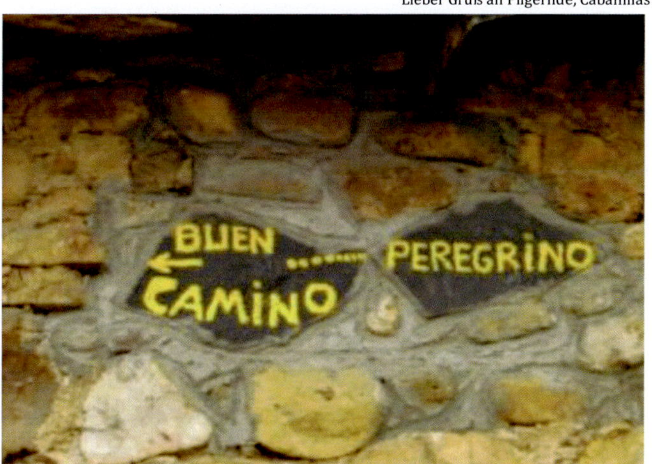

Zipp und Zwiebel - Unpraktisches kommt nicht in die Kiepe!

Rucksack – ganz wichtig!
Der Rucksack muss möglichst leicht sein, genau zur Rückenlänge passen und bequem und dennoch fest auf der Hüfte sitzen, denn dort tragen Pilgernde nicht nur ihre Speckröllchen, sondern auch ihre wenigen Habseligkeiten. Lasst euch unbedingt in einem Fachgeschäft beraten und genau zeigen, wie ihr ihn richtig einstellt. Wenn es geht, nehmt ihn zum Probepacken mit nach Hause, steckt noch eine Flasche Wasser dazu und lauft so ausgiebig wie möglich mit ihm in der Gegend herum.

Schuhe – noch mehr ganz wichtig!
An die Füße kommt nur, was von Anfang an bequem ist! Verlasst euch nicht darauf, dass sie beim Einlaufen breiter oder länger werden. Dieser Camino beginnt ausgesprochen gebirgig und endet überwiegend auf Asphalt. Eure Schuhe sollten euren Füßen also einen wirklich guten Halt geben und die Sohlen einen guten Grip haben, euch aber auch bequemes Abrollen ermöglichen und über eine ausreichende Dämpfung verfügen. Manche Schuhgeschäfte bieten an, dass man sie mit nach Hause nehmen und ausprobieren kann. Fragt einfach nach und tut es! Und testet bei der Gelegenheit auch die Socken!

Kleidung
Von Vorteil ist, was schnell trocknet (Mikrofaser) und idealerweise mehrere Funktionen hat: Multifunktionstücher z. B. sind echte eierlegende Wollmilchsäue (Schweißband, Schal, Mütze und nachts Schlafbrille) und Zipp-Hosen passen sich der Witterung an. Nehmt euch ein Beispiel an der Zwiebel und denkt in mehreren Schichten, die ihr nach Bedarf über- und ausziehen könnt. Packt sparsam! Drei Unterhosen, Socken und T-Shirts reichen völlig.
Einige Passagen führen über Straßen, die zwar meist selten, aber eben manchmal doch als solche genutzt werden. Da bringt ein strahlendes Aussehen zusätzliche Sicherheit. Also: Habt Mut zu leuchtenden Farben!

Regenschutz

Nordspanien ist sehr regenreich, also seid wohl gerüstet! Je nach Vorliebe eine Regenjacke oder einen Poncho, der auch den Rucksack bedeckt. Tragt ihr gerne kurze Hosen, empfehle ich Gamaschen, damit das Wasser nicht an den nackten Beinen in die Schuhe suppt.

… die Sonne scheint euch aufs Gehirn, …

… da braucht ihr Creme und Mützenzwirn!

Schlafsack – das *mobile Home* des Pilgernden

Für Übernachtungen in Herbergen empfehle ich euch, zumindest einen leichten (Hütten-) Schlafsack mitzunehmen, in den ihr schlupfen könnt, bevor ihr unter die Decken kriecht. Dass die nicht nach jeder Benutzung gewaschen werden, brauche ich sicher nicht zu sagen. Ich habe immer noch ein leichtes Tuch dabei, das ich als Bettlaken nutze … oder bei „großer Wäsche“ wie einen Pareo um mich herum schwinge.

Rucksackverpflegung

Ihr bewegt euch zwar größtenteils in der Nähe von Bergdörfern und die Menschen sind wirklich sehr nett und hilfsbereit und haben immer einen Tropfen Wasser (manchmal sogar Kaffee und Kekse!) für Pilger, aber ihr verbringt auch viel, viiieeel, sehr viel Zeit völlig herausgenommen aus dem Rest der Welt und seid auf das angewiesen, was ihr im Rucksack habt.

- Achtet also bitte unbedingt immer darauf, genug Proviant (Trockenfrüchte, Nüsse, Müsliriegel) und Wasser bei euch zu haben!

Gewicht - Darfs ein bisschen mehr sein?

Neinneinnein! Ihr müsst ja alles tragen! Shampoo (in fester Form viel kleiner, leichter und umweltfreundlicher als in Plastikflaschen) z. B. eignet sich auch für Körper und Wäsche, Körperbutter (gibt es auch in fest) macht auch die Haare geschmeidig, in Brillenetuis kriegt man verdreht aufeinander zwei Nasenfahrräder hinein, Toilettenpapier statt Taschentücher verrottet hinter Büschen schneller, Sicherheitsnadeln halten fast alles, auch die Wäsche auf der Leine …

Als Faustregel gilt, dass der Rucksack nicht schwerer als 10 % des eigenen Körpergewichtes sein sollte. – Aber passt jetzt bitte nicht euer Körpergewicht dem des Rucksacks an!

Der Pilger besteht nicht aus Demut allein, ... – Kleines Bar-Einmaleins

Ganz wichtig sind auf dem Weg die Bars. Neinneinnein, ich meine natürlich nicht Etablissements, in denen sich Damen mehr oder minder bekleidet und ästhetisch lasziv um Stangen winden: Bar ist der geläufige Ausdruck für alles, wo man bei *Hambre y Sed* (Hunger und Durst) *algo* (etwas) *comer y beber* (essen und trinken) kann. Darum hier ein klitzekleines Bar-Einmaleins:

Für einen schwarzen Kaffee bestellt man *Café solo* (koffeinfrei: *descafeinado*) oder *Café con Leche*, mit Milch. Tee ist als *Té* schwarz, als *Té verde* grün und heißt als Kräutertee *Infusión* (hihihi). *Cerveza*, Bier, ist euch sicher bekannt, ein Radler heißt *Clara* (alkoholfrei: *sin Alcohol*). Zu Cola solltet ihr immer auch Coca sagen, denn *Cola* ist das spanische Wort für Schwanz (hinten anstellen: *¡a la Cola!*) ...!

Speisen findet ihr in der *Carta*, die oft geteilt ist in *Tapas* (s. u) und *Raciones*, ganze Portionen.

Primero (Vorspeise) gibt es fast immer *Ensalada* (Salat), *Ensalada rusa* (Kartoffelsalat) oder *Pimientos de Padrón*, kleine gegrillte Paprikaschoten (*„Pimientos de Padrón: unos pican y otros no"*, manche scharf und manche nicht, oder: Eine ist immer dabei, die brennt!).

Segundo (Hauptspeise) kommt das *Carne* (Fleisch) vom *Pollo* (Huhn), *Cerdo* (Schwein; *Lomo* ist seine Lende), *Vaca* (Rind), *Oveja* (Schaf) oder *Cordero* (Lamm). *Perro* und *Gato* stehen nicht auf der Karte – fängt der Wirt also an zu bellen oder zu miauen, wartet er nur voll gespannter Vorfreude auf eure entsetzten Gesichter! Dazu werden *Patatas* (Kartoffeln), *Pasta* (Nudeln), *Arroz* (Reis), *Verdura* (Gemüse) und/oder *Pan* (Brot) gereicht. Zum A und O der *Carta* gehören außerdem Empanadas (mit Fisch, Fleisch oder Gemüse gefüllte Teigtaschen oder Kuchen), Tortilla (gestocktes Ei mit Kartoffeln), besonders bei den *Platos combinados* (gemischte Teller) *Huevas fritas* (Spiegeleier – oft aber wirklich sehr ölig) und Bocadillo (belegtes Brot), wahlweise mit *Queso* (Käse) oder *Jamón* (Schinken).

Das Angebot an frischem *Pescado* (Fisch) und *Mariscos* (Meeresfrüchten) ist einfach ... mmmhhhmmm! Neben *Pulpo* (Tintenfisch) und *Chipirones* (Calamares, aber ganz) gibt es *Navajas* (Schwertmuscheln), *Berberechos* (Herzmuscheln), die *a la Marinera* in einer Zwiebel-Knoblauchsauce serviert

werden, *Mejilones* (Miesmuscheln), *Ostras* (Austern), *Percebes* (Entenmuscheln) und natürlich die *Veiras* (Jakobsmuscheln).
Zum Schluss vernascht ihr als *Postre* (Dessert) *Helado* (Eis), *Tarta* (Kuchen), Tarta de Santiago (Mandeltorte) oder *Flan* (Pudding).

Eine Spezialität Asturiens ist der Queso Cabrales, ein Blauschimmelkäse aus Kuh-, Ziegen- und/oder Schafsmilch, der so herb ist, dass man ihn nur mit der Quittenpaste Membrillo essen mag, aber beides zusammen … mmmm!

Ist euch das alles zu fleischlastisg, haltet Ausschau nach den Begriffen *vegetariano* (vegetarisch) und *vegano* (vegan).

Tapas

Der Ausdruck Tapa stammt von *tapar*, abdecken. Es heißt, in Andalusien habe man sein Sherry-Glas mit einer Scheibe Weißbrot bedeckt, damit nichts hineinflog. Besser gefällt mir die Erklärung, die auf Alfonso X. *el Sabio*, der Weise, zurückgreift. Er hatte den Leitspruch: „Es gibt vier gute Dinge auf der Welt: Altes Holz, um Feuer zu machen, alter Wein, um ihn am Feuer zu trinken, alte Bücher, um darin zu lesen, und alte Freunde, um ihnen zu vertrauen." Seine Soldaten hatten offensichtlich auch einen Leitspruch: ‚Das bisschen, was wir essen, können wir auch trinken!' Jedenfalls lugten sie wohl viel zu oft und tief ins Glas und die Wirkung des Alkohols kam schnell und zügellos. So war die Weisheit des Königs gefordert, der flugs verfügte, dass jedes Glas seiner Mannen mit einem Tellerchen Essbarem bedeckt serviert werden sollte. Da mussten sie sich erst einmal hindurchknabbern, bevor sie es zum *¡Salud!* erheben durften.
Tapas gibt es oft zu einem Getränk dazu und kann sich so gut sattdrinken. Stehen sie als die kleinere Portion neben den *Raciones* auf der *Carta*, könnt euch für kleines Geld quer durch die spanische Küche naschen.

Spanien – Geschichte und Geschichten

Die Ursprünge der Iberischen Halbinsel liegen in den ab ca. 2000 v. Chr. hier siedelnden Iberern, die sich mit den ab dem 7. Jh. v. Chr. einrückenden Kelten vermischten und viele kleine Keltiberer (nein, diese Wortschöpfung stammt nicht von mir, sondern ist amtlich) zur Welt brachten.

Ab dem 3. Jh. v. Chr. kamen die Römer und hinterließen ihre Spuren in Form von Brücken, Städten und Handelsstraßen (u. a. der Via de la Plata, s. S. 31), die auch späterhin vor allem für Viehtriebe (im Frühjahr gen den kühleren Norden, im Herbst gen den milderen Süden) genutzt wurden.

Ihnen folgten im 5. Jh. die Germanen und hausten hier wie die Sueben; ja, die Vandalen gaben sich auch ein Stelldichein, zogen jedoch sehr rasch nach Afrika weiter. Im 6. Jh. wurden die Westgoten hier sesshaft.

Ab dem Frühjahr 711 machten sich die Mauren auf, die zu jener Zeit westgotische Iberische Halbinsel zu unterwerfen. Dabei waren sie schnell und sehr erfolgreich, besiegten im Juli 711 König Roderich und hielten schon acht Jahre später ganz Spanien und Portugal in ihren Händen.

In der Folge rückt Asturien in den Mittelpunkt der Geschichte, nämlich als Ausgangspunkt der

- **Reconquista** – die Rückeroberung
  Die Legende erzählt, dass Pelayo, Sprössling einer asturischen Adelsfamilie, in einer Erscheinung von der Muttergottes selbst aufgefordert wurde, gegen die Sarazenen in die Schlacht zu ziehen. Eine weltlichere Version nennt es einen Streit wegen einer Heiratsangelegenheit. Jedenfalls nahm er 718 oder 722 (hier scheiden sich ein bisschen die historischen Gemüter) in der

- **Batalla de Covadonga,** Schlacht von Covadonga (ca. 65 km östlich von Oviedo, Ruta de la Reconquist*a*) den Kampf um die Rückeroberung Spaniens auf.

Die Bemühungen um die Rückführung der iberischen Halbinsel unter christliches Zepter nahmen die Araber zunächst mit Gleichmut hin. Die kirchenfürchtigen Herrschaften waren sich nicht immer grün und wohlgesonnen und man fand immer Wege, sie gegeneinander auszuspielen oder mit mit ihnen Vereinbarungen zum eigenen Vorteil zu treffen. Ein Beispiel ist der Auslöser zur

- **Batalla de Clavijo** – Schlacht von Clavijo (23. Mai 844):
  Die maurischen Herrscher duldeten die christlichen Herrscher ... jedoch nicht ohne Forderungen. Eine davon war, dass der leonesische Monarch ihnen den

- ***Tributo de las cien Doncellas***, Tribut von 100 Jungfrauen, zollen musste, 50 aus dem Adel, 50 aus dem Volk. Ramiro I. verweigerte diese Auslieferung, Abd ar-Rahman II. wollte sich das, was ihm seiner Meinung nach zustand, notfalls mit Gewalt holen und schlug Ramiros Mannen in einer ersten Schlacht in die Flucht.
  Doch dann erschien dem christlichen König im Traum Jakobus und sicherte ihm für den nächsten Kampf seine Hilfe zu. Also versammelten er seine Truppen in der Nähe von Clavijo erneut und führte sie unter dem Ruf „*¡Que Dios nos ayude y Santiago!*“, möge Gott uns und Santiago helfen, ins Gefecht. Natürlich muss ein Apostel halten, was er verspricht: Während des Kampfes erschien Jakobus höchstselbst auf einem feurigen, weißen Ross und führte sein eigenes Schwert zur Unterstützung des christlichen Heers. Überflüssig zu erwähnen, dass sie den Kampf gewannen. Jakobus wurde zum *Matamoros* (s. S. 18) und Schutzheiligen des ganzen Landes und das von ihm geführte Schwert wurde vom Orden de Santiago (s. S. 18) in deren Symbol, dem Cruz de Santiago (s. S. 17), übernommen.

Erst als sie 1085 Toledo, die damalige Hauptstadt Spaniens, verloren, bliesen die Sarazenen zum Dschihad … und die Christen zum Heiligen Krieg.

- **Almansor**

  Abu Amir Muhammad ibn Abdallah ibn Abi Amir (ca. 938 – 1002), der sich selbst auch *Al-Mansur bi-llah,* der mit Gott Siegreiche, nannte, war faktisch dem Kalifen von Córdoba unterstellt, was er aber, ihr merkt es an seinem sich selbst erteilten Beinamen, der ausschließlich Kalifen vorbehalten war, nicht so eng sah; tatsächlich verlieh er sich selbst 996 diesen Titel.

  Dieser Almansor jedenfalls spielte während der Reconquista keine unbedeutende Rolle: 52 Feldzüge führte er gegen das christliche Nordspanien, plünderte u. a. 985 Barcelona, verwüstete 987 Coimbra so gründlich, dass es sieben Jahre unbewohnt blieb, und fiel 988 über León her. Am 10. August 997 zerstörte er auch das stark befestigte Santiago de Compostela, ließ aber aus Respekt das Grab des Apostels unangetastet. Die Glocken der Kirche dagegen mussten überlebende Christen als Sklaven nach Córdoba tragen, wo sie zu Lampen für die Moschee (heute Mezquita-Kathedrale – ein unfassbares Bauwerk!) eingeschmolzen wurden.

Dieser Krieg um die Rückeroberung der Iberischen Halbinsel dauerte an, bis 1492 die *Reyes Católicos* Granada (Camino Mozárabe), die letzte maurische Enklave, eroberten und Herrscher Boabdil „unter Tränen" und wildem Geschimpfe seiner Frau Mutter (er solle nicht wie ein Weib betrauern, was er zuvor nicht wie ein Mann hat verteidigen können) Land und Alhambra aufgeben musste.

- **Reyes Católicos – Katholische Könige**

  Isabel (1451 – 1504) wusste sich wohl gegen alle Verehelichungsversuche des älteren Halbbruders Enrique IV. *el Impotente*, den Unvermögenden, zu wehren, schaute sich selbst auf dem Markt zur Verfügung stehender Gatten um und fand Geschmack an Fernando II. (1452 – 1516), Mitregent von Aragón und König von Sizilien. Nicht er trug ihr die Ehe an, sondern sie ihm und er willigte ein. Um die Hochzeit vor Isabels Halbbruder geheim zu halten, verkleidete er sich als Eselstreiber und gab ihr am 19. Oktober 1469 das Ja-Wort.

Nach dem Tod Enriques 1474 regierte Isabel Kastilien zunächst unabhängig von Fernando, der mit dem ererbten Aragón beschäftigt war. 1479 aber legten sie beide Königreiche zusammen und den Grundstein für ein gesamtspanisches Reich, an dessen Führung sie sich durchaus, nebenbei zehn Kinder gebärend, zu beteiligen wusste. Auch am Großprojekt Reconquista arbeiteten beide gleichsam mit Hochdruck. Lasst euch aber vom ihnen 1496 vom Papst verliehenen Titel *Reyes Católicos* nicht blenden, religiös war nur das Deckmäntelchen, unter dem es vor allem – na klar! – um Macht und Geld ging, und die Inquisition ein willkommenes Instrument, das sie sehr effektiv einzusetzen wussten.

Ein gerade für Pilgernde wichtiger Meilenstein in der Historie ist

- **Alfonso II.** ***el Casto***, der Keusche

  Er wurde in den 760-er Jahren in Oviedo geboren, verbrachte viele Jahre seiner Jugend in einem Kloster und war wohl von der Enthaltsamkeit der Mönche so angetan, dass er diese Lebensweise übernahm. Beim Tod seines Vaters (768) war er zu jung, um dessen Krone zu tragen. 790 wurde er von Bermudo I. als Mitherrscher eingesetzt und übernahm im Jahr darauf das Zepter. Freilich kämpfte auch er in der Reconquista, wurde um 802 in Folge eines Ränkespiels entmachtet und in einem Kloster in Haft gehalten, spätestens 808 jedoch von seinen Anhängern wieder auf den Thron gesetzt, den er bis zu seinem Tod 842 innehatte.

  Wann genau er sich auf den Weg zum Grab des Apostels machte, ist nicht bekannt. Seine Wallfahrt jedoch gilt als die erste Jakobus-Pilgerreise überhaupt. Mit ihr gründete er den ersten, ursprünglichen Jakobsweg, Camino Primitivo, unterstützte Santiago de Compostela und stiftete Kirchen, Klöster und Pilger-*Hospitals* (s. S. 18). Übrigens wird ihm auch das *Hospital* in O Cebreiro zugeschrieben, was ihn zudem zum Urvater des Camino Francés macht.

Feiertage

In Spanien wird gerne, viel und ausgelassen gefeiert. Das fängt mit jedem einzelnen Wochenende an. Für müde Pilger erschwerend dazu kommt, dass das gesellschaftliche Leben mit gemeinsamem Abendessen oder feuchtfröhlichem Beisammensein meist erst nach 21.00 Uhr beginnt und sich entsprechend lange und lautstark hinziehen kann.
Es gibt nationale Feiertage, die der autonomen Gemeinschaften, die der Provinzen, der Regionen… Dann hat noch jeder Ort mindestens einen Schutzheiligen, den man mit einem entsprechenden Patronatsfest bedenkt. Während in *Villariba* gefeiert wird, kann es also durchaus sein, dass in *Villabajo* gleich nebenan normaler Abwasch herrscht.
Verfallt also bitte nicht in Panik, wenn ihr in einem Ort vor verschlossenen Ladentüren steht, achtet aber darauf, für den Notfall verpflegt zu sein.

Ich habe hier die offiziellen Feiertage zusammengestellt:

Neujahr	*Año Nuevo*
6. Januar	*Día de Reyes*, Heilige Drei Könige (sehr nett finde ich, dass Kinder hier oft noch einmal Geschenke von den Dreien aus dem Morgenland überreicht bekommen)
19. März	*Día de San Jose*, St.-Josef-Tag, quasi Vatertag auf Spanisch
Gründonnerstag	*Jueves Santo*
Karfreitag	*Viernes Santo*
Ostersonntag	*Día/Domingo de Resurreción/Pascua*
23. April	*Día de Castilla y León*
1. Mai	*Día del Trabajo*, Tag der Arbeit
15. August	*Fiesta de la Asunción de la Virgen*, Maria Himmelfahrt
8. September	*Día de Asturias*, Tag Asturiens
12. Oktober	*Día de la Hispanidad*, Nationalfeiertag
1. November	*Todos los Santos*, Allerheiligen
6. Dezember	*Día de la Constitución*, Tag der Verfassung
8. Dezember	*Purísima Concepción*, Tag der unbefleckten Empfängnis
25. Dezember	*Navidad*, Weihnachten – na klar!

Übrigens wird Fasching nicht nur in Deutschland wild und fröhlich gefeiert! In Spanien endet das Fest mit dem

- ***Entierro de la Sardina***, der Beerdigung einer Sardine, und dem Wehklagen mit Kerzen und inbrünstigen Stoßgebeten, deren Inhalt sich sicher auf einen möglichst kleinen Kater am nächsten Morgen beziehen.

- **Semana Santa – Karwoche**
  Sie ist einer der kulturellen und religiösen Höhepunkte in Spanien. Hier wird Ostern nicht einfach gefeiert, nein, es wird auf eine sehr besondere Weise zelebriert: Ab Domingo de Ramos, Palmsonntag, finden täglich Prozessionen statt, durchaus auch mehrere an einem Tag. Die Beeindruckendsten erlebt man in der Madrugá, der Nacht zum Karfreitag. Während dieser Umzüge werden Pasos durch die Straßen getragen, riesige Altarbühnen, die jeweils eine Szene der Passion Christi darstellen. Begleitet werden sie von
- **Nazarenos**, den Büßern, die zuweilen auch Kreuze, dafür aber keine Schuhe tragen. Abgeschlossen wird jede einzelne Prozession mit einem Paso der Jungfrau Maria.
  Der Ursprung der Feierlichkeiten liegt im 16. Jh., als die katholische Kirche der breiten Masse der Bevölkerung, die nicht lesen oder schreiben konnte, mit einer „Predigt durch Bilder" die Passion Christi näherzubringen versuchte.

- **Día de San Juan – Johannisfest**
  Am Johannisfest, 23. Juni, werden allüberall Sonnenwendfeuer angezündet als Symbol für das Licht, das die Sonne spendet. Ihnen werden magische Eigenschaften zugeschrieben. Die Menschen hüpfen über die Flammen, denen eine reinigende Wirkung nachgesagt wird. Wer also ganz oft springt, muss ... ziemlich ... viel Spaß daran haben.

Camino de San Salvador – Geschichte und Hintergründe

Diese heute nicht sehr bekannte Verbindungsroute zwischen León und Oviedo ist tatsächlich sehr alt und spielte in der Vergangenheit keine unbedeutende Rolle für Pilgernde. Alfonso II. *el Casto* (s. S. 27) machte sich im 9. Jh. auf zur ersten Pilgerreise nach Santiago überhaupt. Eine Redensart sagt, der Weg beginne an der eigenen Haustüre. Die Pforte des königlichen Palastes lag zu jener Zeit in Oviedo, wo also der ursprüngliche Weg, der Camino Primitivo, beginnt.

Mit der Eingliederung Asturiens in das Königreich León wurde León auch zur Hauptstadt dieser Region. Hierdurch gewann der französische Weg, Camino Francés, an Bedeutung, denn, Religion hin und Heiliges Jaköbchen her, wenn man schon mal in der Nähe war, ließ man sich ja nun das königliche Flair nicht entgehen! Außerdem lag León für all die Pilgernden, die aus dem Norden und Osten auf dem Landweg und über die Pyrenäen nach Santiago de Compostela reisten, sehr praktisch auf dem Weg und wartete zudem mit einer beeindruckenden Kathedrale auf.

Wo allerdings viele Menschen gehen, sind auch viele andere zur Stelle, die gierig auf deren Talerbeutel stieren. Das war auf dem Camino Primitivo wohl nicht so: Wo weniger Pilger sind, ist auch weniger zu holen. So wurde dieser zu einer sichereren Alternative.

Spirituell war er allemal interessanter als der Camino Francés:

„¡Quien va a Santiago y no va al Salvador, honra al criado y deja al Señor!" –
wer nach Santiago geht und nicht nach Salvador,
ehrt den Diener und nicht den Herrn.

Zum einen war da Oviedo mit seiner dem Erlöser, San Salvador, geweihten Kirche, in der sich die Cámara Santa (s. S. 98), die heilige Kammer, mit der bedeutendsten Reliquiensammlung Spaniens befand, zum anderen Lugo, die älteste Stadt Galiciens mit ihrer beeindruckenden und schon damals relativ alten Stadtmauer (3. Jh.) sowie der ständigen Ausstellung und Verehrung des

Allerheiligsten (dem Leib Christi in Form der Hostie) in der Kathedrale Santa María.

Da stand man nun in León und wollte eigentlich über Oviedo nach Santiago de Compostela, wozu man allerdings über das Kantabrische Gebirge (s. u.) hinüber musste. Wie praktisch, dass es da schon eine römische Handelsstraße gab, die man einfach als Pilgerweg nutzen konnte:

- Die **Via de la Plata**, wurde ab 139 v. Chr. angelegt, um das in den Las Médulas (Camino de Invierno) geschürfte Gold zu transportieren. Sie verband nach ihrer Fertigstellung Sevilla (dort beginnt der gleichnamige und längste Jakobsweg Spaniens) über Mérida (Camino Mozárabe), León und Oviedo mit Gijon (Camino del Norte). Wörtlich übersetzt bedeutet ihr Name Silberweg, allerdings ist davon auszugehen, dass er vom maurischen Ausdruck *Bal'latta,* breiter Weg, stammt.

Blick auf die Picos de Europa vom Canto de la Tusa (s. S. 68)

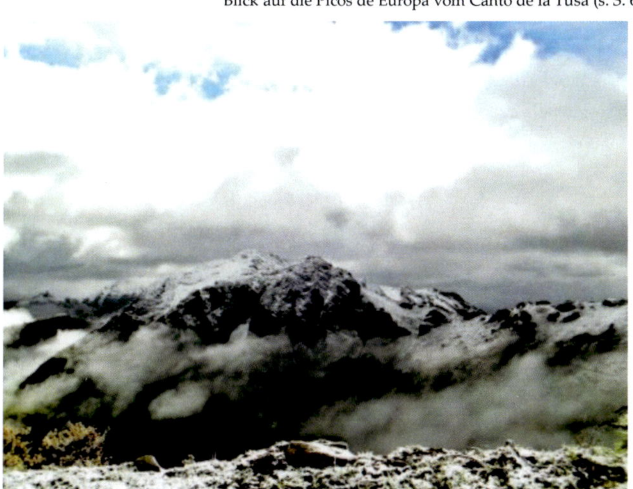

Ohne Berge wäre er richtig flach, aber auch lange nicht so schön!

Weil es sehr viel bequemer ist im Tal zu wandern, trägt dieser Camino auch den Namen

- **Camino de Cuatro Valles – Vier-Täler-Weg**
  Ihr werdet tatsächlich, von den Höhen abgesehen, fast ausschließlich dem Lauf von Flüssen folgen: Bis La Pola pilgert ihr an der Seite des Río Bernesga, dann geht ihr durch das Tälchen des Arroyo Folledo nach Buiza und nach den Bergetappen begleiten euch der Río Pajares bis Campumanes und der Río Lena sowie der Río Caudal bis Mieres.

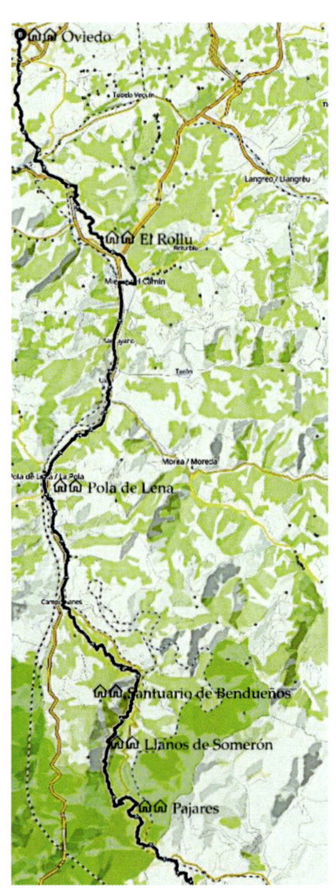

Allerdings gibt es schöne Täler nur dort, wo sich möglichst hohe und schroffe Berge um sie herum gruppieren.

- **Cordillera Cantábrica – Kantabrisches Gebirge**
  Es zieht sich rund 600 km weit in Ost-West-Richtung an der nordspanischen Küste entlang und begrenzt die innerspanische Hochebene Meseta. Sein höchster Berg, Torre de Cerredo (2.648 m), liegt im Nationalpark Picos de

Europa, das sich während eurer Wanderung an eurer rechten Schulter befindet. Das Gebirge ist Lebensraum für Auerhühner, Fischotter, Salamander, Stein-, Gänse- und Schmutzgeier, Wölfe und Braunbären.

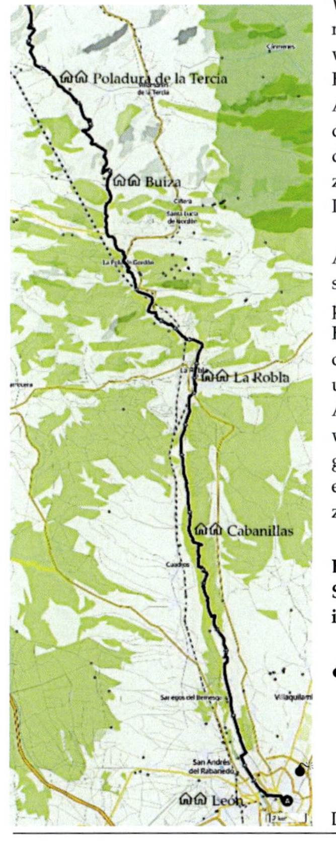

Während ihr dieses Massiv von Süd nach Nord kreuzt, überquert ihr zwei wunderschöne, aber auch anstrengende Höhen, den Alto Forcadas de San Antón hinter Buiza und den Collado del Canto de la Tusa mit dem Cruceiro de San Salvador (*Cruceiro* – Kreuz) zwischen Poladura de la Tercia und Pajares.

Auf diesen beiden Strecken gibt es stellenweise keinen Weg, sondern ihr pilgert durch Heide und über Gras, Felsen und Steine. Dort zeigen Erdstecker und Pfosten mit gelben Pfeilen und Muscheln, wo es langgeht.
Auch wenn selbst diese Passagen nicht wirklich alpin sind und es keine Stellen gibt, an der die Gefahr besteht, mit einem falschen Schritt ganz schnell ziemlich viel weiter unten zu landen:

Beachtet bitte unbedingt die Sicherheitsregeln, die im Gebirge immer gelten:

- Absolute Voraussetzung ist **Trittfestigkeit**! Ihr wandert in unebenem Gelände, da darf sich ein Fuß nicht einfach vertreten!

Der wichtigste Faktor für eine

Überquerung der Höhen ist das **Wetter**! Lauft ihr Gefahr lauft, im Nebel oder einer Wolke zu wandern und nicht mindestens bis zur übernächsten Markierung, also mindestens ca. 100 m weit, sehen zu können, lasst bitte die Füße weg! Das Risiko, den Weg zu verfehlen und irgendwo zu landen, wo es vielleicht doch wirklich gefährlich werden könnte, ist dann einfach zu groß ... und absolut überflüssig, weil es dann ja auch keine schöne Weitsicht gibt, die ihr verpasst.
Die Monate Mai bis September sind überwiegend schneefrei, was nicht heißt, dass sich das Wetter daran hält! Der Italiender Bartolomeo de Fontana schrieb 1539, dass er "*... anduvo errante ante una oscuridad tan grande que no veía sendero ni monte mientras soplaba un viento terrible y llovía tan cruelmente que parecía que las cataratas del cielo fuesen abiertas ...*", in einer solchen Dunkelheit umherirrte, dass er weder einen Weg noch einen Berg sehen konnte, während ein schrecklicher Wind wehte und es so heftig regnete, dass es schien, als habe der Himmel all seine Schleusen geöffnet.

- Im Gebirge sollte man **nie allein** unterwegs sein!
  Falls ihr doch allein geht (bitte verlasst euch nicht darauf, dass ihr unterwegs schon einen Mitpilgernden treffen werdet), stellt sicher, dass jemand weiß, wo ihr unterwegs seid und dass ihr euch bei Ankunft meldet. Am besten wendet ihr euch an einen *Hospitalero*; er ist direkt vor Ort kann sich am besten kümmern, falls ihr nicht vom Berg kommt.

- Hoch droben auf dem Berg gibt es keine Telefon- oder Internetverbindung!

Dieser Camino IST anspruchsvoll, aber auch so schön, dass die Anstrengungen des Tages am Abend gar nicht mehr so anstrengend erscheinen. Genießt die atemberaubenden Aussichten und die grandiose Landschaft. Hier und da ein Päuschen, dann laufen die Füße wie frisch hirschgetalgt!

Von Einsamkeit und Matschepampe – die Besonderheiten dieses Weges

Auf dieser Wanderung bewegt ihr euch zwischen den etwas größeren Orten La Robla, La Pola de Gordón, Campumanes, Pola de Lena und Mieres in sehr ländlichen und ausgesprochen dünn besiedelten Regionen mit ursprünglichen Dörfern, Wiesen, Weiden und Wäldern und über die längste Strecke sehr abgeschieden und abgeschnitten vom Rest der Welt. Damit hat dieser Camino einen ganz besonderen Charme ... aber auch ein paar Häkchen, auf die ihr euch vorher einstellen solltet, um ihn so richtig und unverschämt genießen zu können:

Markierung

Der Weg ist gut mit braunen Wegweiser-Pfosten (s. Foto), Muscheln und gelben Pfeilen markiert. Auf den Bergen zeigen Erdstecker und Pfeile an den Felsen, wo es langgeht. Zusätzlich könnt ihr euch an einer weiß-roten Wanderwegmarkierung orientieren.

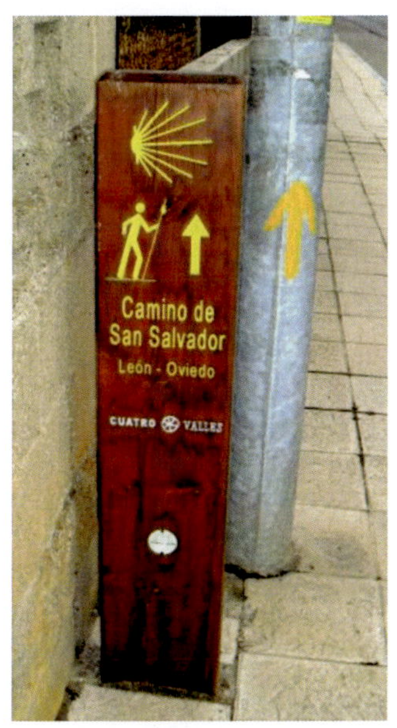

Einkauf und Einkehr

Vielleicht verbindet ihr mit dem Begriff ländlich heimelige *Tiendas* (Tante-Emma-Läden). Die gibt es! ... in den o. g. etwas größeren Orten. Dazwischen gibt es oft über sehr, sehr, seeehr lange Strecken höchstens eine Bar, die dann, wenn ihr kommt, hoffentlich auch geöffnet ist. Beachtet bitte meine Hinweise auf die Durststrecken und versorgt euch rechtzeitig!

Hunde

Viele von ihnen sind angekettet und kommen nicht weiter als bis zur Grundstücksgrenze (hoffentlich hält die Leine!), viele laufen allerdings auch frei und sind absolut multitaskingfähig: Sie können bellen, knurren und Zähne fletschen gleichzeitig.

Außerhalb der Dörfer könntet ihr auch Begegnungen mit Hütehunden haben, die es sehr gut verstehen, auf die ihnen anvertrauten Herden aufzupassen. Sind sie auf dem Weg zu einem kleinen Imbiss nach Hause, sind sie meist sehr viel friedlicher. Allerdings ist es ihnen nicht auf die Stirn geschrieben, ob sie Hütehunde und gerade friedlich sind oder nicht.

Seid stets auf tierische Begegnungen vorbereitet und eingestellt! Bedenkt aber bitte auch, dass ihr nur zu Gast seid, während die Hunde zum Leben der Menschen hier gehören. Ich selbst hatte viele Jahre stets eine Dose Pfefferspray in der Bauchtasche, nicht, weil ich es brauchte, sondern weil es mich ein bisschen beruhigte.

Ein anderes Problem sind Hunde, die sich Pilgernden anschließen und sie so lange begleiten, bis sie womöglich nicht mehr nach Hause finden. Achtet bitte darauf, dass euch kein Tier folgt, und füttert es nicht, damit es nach Hause läuft, wenn es in ihm knurrt – nämlich im Magen.

Matschepampe

Ihr werdet viel Zeit auf landwirtschaftlichen Wegen verbringen, die auch so genutzt werden. Das ist nicht weiter bemerkenswert ... bis es regnet. Die „Pfützen" können dann Ausmaße und Tiefen annehmen, in denen man getrost den Freischwimmer machen könnte!

Darum drei kleine Tipps:

- Je höher der Schaft der Schuhe, desto weniger Schmodder quaddelt von oben hinein.
- Dazu Gamaschen und man kriegt zwar trotzdem nasse Füße, aber der Schuh bleibt innen halbwegs sauber (unsaubere, schubbelnde Stellen sind hervorragende Voraussetzungen für Blasen).
- Auch eingefleischte Nichtstockgeher sind vielleicht nicht undankbar dafür, wenn sie die Untiefen des Morastes abstochern und sich selbst ein bisschen zusätzlichen Halt durch ein drittes und viertes Bein verschaffen können.

Öffentliche Verkehrsmittel

Zu Beginn der Kapitel findet ihr jeweils die nächstgelegenen öffentlichen Verkehrsanbindungen. Bitte bedenkt, dass diese in ländlichen und abgeschiedenen Regionen nur sehr spärlich sind (oft nur Schulbusse einmal wochentäglich morgens in die eine, einmal abends in die andere Richtung). Taufrische Fahrpläne findet ihr im Internet: renfe.com, alsa.es.

Ab Puente de los Fierros führt euch der Camino immer in der Nähe der regelmäßig befahrenen Zuglinie nach Oviedo entlang, so dass ihr Etappen bequem unterbrechen und am nächsten Tag an gleicher Stelle fortsetzen könnt.

- In Spanien winkt man den Busfahrern freundlich zu, wenn diese nicht nur freundlich guckend vorbeifahren sollen!

N-630/Carretera Gijón a Puerto de Sevilla

Diese verkehrsreiche und oft viel zu schnell befahrene Nationalstraße befindet sich stets in relativer Nähe rechts des Caminos.

Sie ist also für **absolute Notfälle** stets gut **erreichbar**, aber:

- **Sie als Wegalternative zu Fuß oder mit dem Fahrrad zu benutzen, ist lebensgefährlich!** Am Ende reicht ein einziger Autofahrer in einer einzigen der zahlreichen unübersichtlichen Stellen. Nein, Unachtsamkeit kann man dann niemandem vorwerfen, denn niemand rechnet damit, dass jemand auf die Idee kommen könnte, auf dieser Straße herumzuwandern oder zu radeln.

Sidra

Asturien ist das spanische Hessen, nur dass der *Äbbelwoi*, Apfelwein, hier *Sidra* heißt. Beim *Escanciado*, Einschenken, hält der *Escanciador*, Einschenker, die Flasche möglichst weit vom Glas weg. Das schindet gerade bei Unheimischen nicht nur viel Eindruck, sondern es dient dem Dekantieren des Weins. Um das so aufgefangene Aroma nicht verdampfen zu lassen, sollte man das Glas sofort und in einem Zug leeren!

Damit niemand das aufschleckte, was danebenging (zu erwähnen, dass der letzte Rest einfach auf den Boden gekippt wurde, tut mir in meiner hessischen Seele weh!), wurde früher der Boden mit Sägespänen bestreut, was natürlich auch machte, dass die, die betrunken aus der Kneipe torkelten, im Falle eines Falls nicht so hart aufschlugen.

Madreñas

Achtet auf die Füße der Menschen! Madreñas, Holzschuhe mit kleinen Stelzen drunter, sind sehr praktisch, denn man schlupft einfach mit seinen Hausschuhen in sie hinein. Ich hätte diese so gerne mit Füßen fotografiert, aber die Trägerin hupste schneller aus ihnen heraus als ich auf den Auslöser drücken konnte.

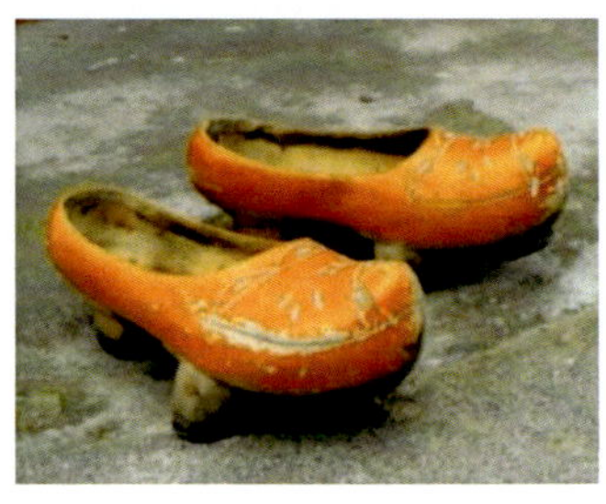

Cruz de Pelayo

Nicht nur auf dem Wappen, sondern in Asturien immer und überall gegenwärtig ist das Cruz de Pelayo. Der blaue Untergrund steht in Anlehnung an ihre Erscheinung (s. Reconquista S.24) für Maria, an den beiden Seiten des Kleeblattkreuzes hängen die Buchstaben Alpha und Omega.

Panera – Getreidespeicher

Diese Schuppen auf Stelzen gehören nach Asturien wie Hórreos nach Galicien und sind als Getreidespeicher ebenso klug durchdacht: Ihre Beine sind oben durch Mäuseherunterfallknupfel und -platten vor Nagern geschützt, ihre Wände sind luftig genug, dass das Lagergut nicht schimmelt, und doch so dicht, dass keine Vögel hineinfliegen können, und der Zugang hat immer eine Unterbrechung zwischen den Stufen. Paneras sind fast immer quadratisch und haben meist einen Umgang mit Balustrade. Entstanden sind sie wahrscheinlich um das Jahr 1400.

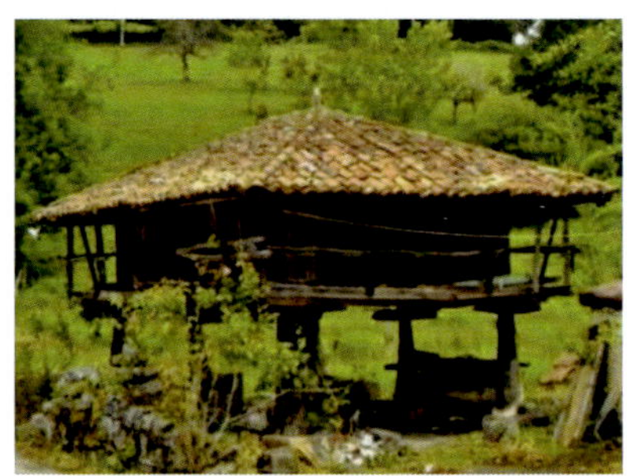

Was sollen euch diese Zeichen sagen?

⇨	Gesamtstrecke des Kapitels
⇧	Gesamtmeter nach oben des Kapitels
⇩	Gesamtmeter nach unten des Kapitels
☛	Hier geht es lang!
(km)	Kilometer seit Anfang des Kapitels
	Bar
	Es muss ja nicht gleich ein *Supermercado* (Supermarkt) sein, eine /*Tienda* (Lädchen) ist ja auch schon fein
++	*Centros de Salud* (Ärztehäuser) und Krankenhäuser
+	*Farmacias* (Apotheken)
☺	Ein feines Plätzchen zum Ausruhen
	Brunnen (bitte auch bei *potable* nur mit Vorsicht genießen!)
/	*Autobus/Tren* (Zug)
	Ich habe da mal was zu sagen
	Wichtig! Obacht!
	Auf dass euch das Licht der Weisheit erfülle!
☿	Sehenswürdige Sehenswürdigkeiten
⌛	Öffnungszeiten
ⓘ	Touristeninformation
⁂	Da ist was los! *Fiestas* und Veranstaltungen
⌂	Gemeinschaftsunterkünfte (Vielbettgelege)
	⌂⌂ Nur für Pilgernde (ohne *Credencial* geht nix)
	Res. Reservierung möglich,
	148/1 148 Betten in 1 Raum (hihihi)
	K/M, W/T Küche/Mikrowelle, Waschmaschine/Trockner
♿	Barrierefrei
	Andere *Alojamientos* (Unterkünfte): *Hostal* (Hostel), *Pensión* (Pension), *Hotel* (Hotel), Einzel-/Doppelzimmer
☎	*Teléfono* (Telefonnummer)
🌍	Ist alles andre nicht geschickt, gehts auch mit dem Tastenklick

¡Vámonos!

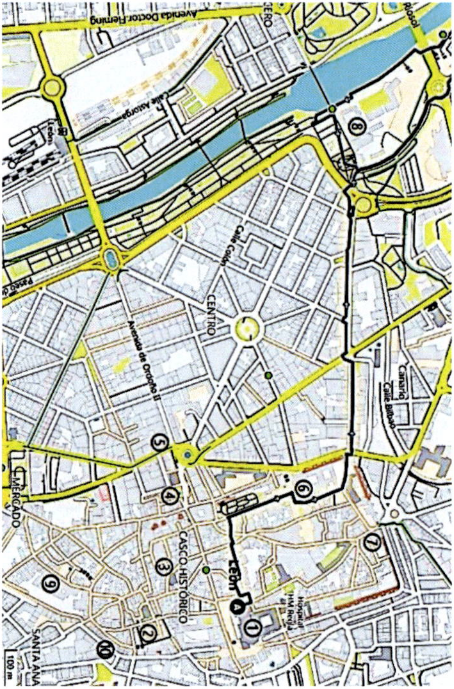

Um 68 n. Chr. gründete der römische Kaiser Galba hier die Heerlager der Legionen *Legio VI Victrix*, später *Legio VII Gemina Felix* (*Gemina* – Zwilling, *Felix* – Glücklicher) genannt. Weil *Gemina Felix* zwar schön, aber zu lang für einen Ortsnamen war, beschränkte man sich auf *Legio*, aus dem sich der heutige Name der Stadt entwickelte. Dieser Standort hatte u. a. die Aufgabe, die aufständischen Bergbewohner Asturiens und Kantabriens in Schach zu halten und die Transporte aus der wichtigsten Goldmine des Römischen Reiches, den Las Médulas (Camino de Invierno), zu sichern.

Schon 712 nahmen die Mauren auch León ein und blieben, bis 856 König Ordoño I. im Zuge der Reconquista (s. S. 24) das, was von der Stadt übrig war, unter seine Fittiche brachte und mit der *Repoblación*, Wiederbesiedlung, begann.

Nachdem Alfonso III. 913 von seinen Söhnen erfolgreich gestürzt worden war und das unter ihnen aufgeteilte Reich sich unter der Krone Fruelas II. wiedervereint hatte, wurde 924 Asturien in das Königreich León eingegliedert und León auch zu dessen Hauptstadt. 987 wurde es noch einmal vom Sarazenen Almansor (s. S. 26) zerstört, von Alfons V. jedoch wieder aufgebaut und erlebte in den folgenden zwei Jahrhunderten seine Blüte als wichtige Handelsstadt.
Durch das von Papst Calixt II. 1122 gewährte Privileg, einen vollständigen Ablass gewähren zu dürfen, machten sich immer mehr Gläubige auf nach Santiago de Compostela und León wurde zu einer der wichtigsten Stationen auf dem Weg der aus Frankreich kommenden Pilgernden. Die mussten untergebracht und versorgt werden, was den Handel florieren ließ, und so mancher war Geselle oder Meister seines Fachs und hatte neue kunsthandwerkliche Ideen in seinem „Charlottenburger" (so heißt das geknotete Tuch, in dem sich ihre Habseligkeiten befinden).

⁂ Der *Día de San Juan* (s. S. 29) wird in León nicht nur mit Feuern gefeiert, sondern auch mit Blumen für die Freunde, bunten Kostümen und Konzerten.

⁂ Am Sonntag vor dem 5. Oktober, dem Namenstag von San Froián, feiert man mit der *Fiesta de las Cantaderas* den Sieg in der Schlacht von Clavijo (s. S. 25) und den damit entfallenden *Tributo de las cien Doncellas* (s. S. 25). Darum tanzen bunt gekleidete Mädchen hinter der Sotadera (sie sollte die Jungfrauen in die muslimischen Gebräuche einweisen und sie von ihrem „Glück" überzeugen) her durch die Stadt.

San Froilán de/von León

Der um 833 in Lugo geborene Benediktinermönch lebte eine Zeitlang in einer Einsiedelei in Ruitelán (Region El Bierzo) und wurde im Jahr 900 auf Wunsch der Bürger und des Königs Alfonso III. *el Magno*, der Große, zum Bischof von León geweiht. Bis heute wird er als Wohltäter der Armen verehrt. Seine Reliquien gelten als wundertätig und fanden in der Kathedrale ihre letzte Ruhe.

① Kathedrale Santa María de Regla

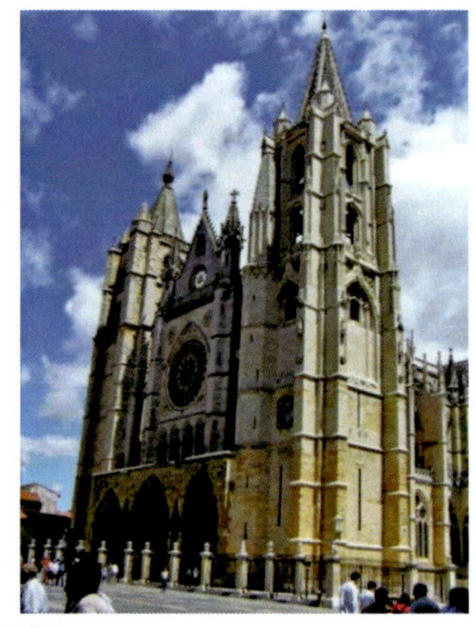

Ihr frühgotischer Bau wurde ab 1255 an der Stelle einer romanischen Vorgängerkirche errichtet, die sich wiederum auf dem Platz ehemaliger römischer Thermen befand. Dass sie stark an französische Sakralbauten erinnert, verdankt sie ihren französischen Baumeistern.

Schon 1302/ 1303 war sie, von den durch Strebepfeiler vom Langhaus abgesetzten 90 m hohen Türmen abgesehen, so gut wie vollendet. Allerdings ging dann wohl dem Geldbeutel die Puste aus.

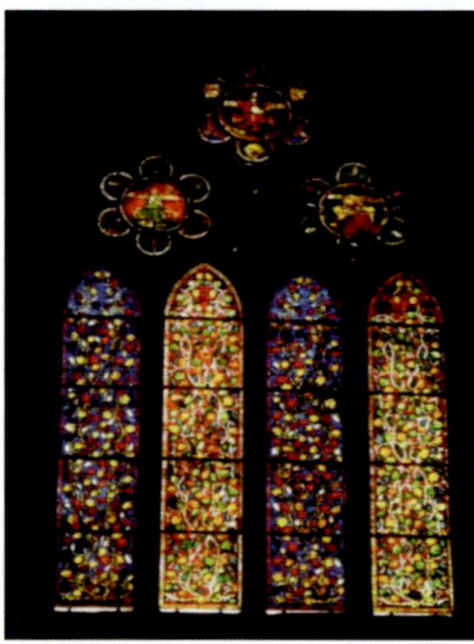

Besonders beeindruckend ist das bunte Licht in ihrem Innenraum, für das 57 Öffnungen, 125 zum Teil 12 m hohe Fenster und drei Rosettenfenster sorgen. Die schönste Rosette befindet sich über dem Hauptportal (13. Jh.). Die Fenster der Südseite des Langhauses (links) stammen bis auf das erste und letzte aus dem 13. und 14. Jh.

Die Gebeine von San Froilán befinden sich in einem Silberschrein (1501) vor dem Altar.

Ein Relief im Kreuzgang beschäftigt sich mit dem *Tributo de las cien Doncellas.*

① **Cripta de Puerta Obispo** (Südseite der Kathedrale)

Bei Ausgrabungen stieß man 1986 auf einen Zugang zum einstigen römischen Heerlager, bestehend aus einer durch zwei rechteckige Zwillingstürme flankierte Doppeltür, ein Stück der Stadtbefestigung sowie Resten der Thermen.

② **Plaza Mayor**

Nachdem der Stadtteil, der sich ehemals hier befand, von einem Brand komplett zerstört worden war, machte man sich im Jahr 1654 daran, hier etwas Neues und Schönes zu schaffen. So wurde zunächst in drei Jahren Arbeit das **Casa de las Panaderías**, Haus der Bäckereien, das aus dem Jahr 1587 stammt und vom Brand unbeschadet geblieben war, komplett versetzt, um es in den ursprünglich quadratischen Plan einzubinden. Gleichzeitig entstanden rundum bis 1677 zweistöckige Gebäude mit Arkaden im Erdgeschoss, durchlaufenden Balkons im 1. Stock und einzelnen Balkons im 2. Stock. Unterbrochen wird diese Harmonie durch das barocke Gebäude **Casa del Consistorio**, auch *El Mirador* genannt, das mit den beiden Türmen und der Uhr (19. Jh.) ziemlich beeindruckend aussieht, tatsächlich aber nur 32 m lang und 5,30 m tief ist und anfangs nur als Lager genutzt wurde. Heute predigen von seinen Balkons Pfarrer zu kirchlichen Anlässen oder winken Staatsmänner zu weltlicheren Gelegenheiten.

③ **Barrio Húmedo/Gòtic – das feucht-gotische Viertel**

Ihr denkt es euch sicher schon: Dort bekommt man keine nassen Füße. Der historische Altstadtkern mit seinen engen Gassen erstreckt sich von der Kathedrale bis zur **Plaza de San Martín**, auch **Plaza de las Tiendas**, Platz der Geschäfte, genannt. Seinen tropfenden Namen verdankt er seinen zahlreichen Gaststätten, in denen man zu regionalem Wein in dickwandigen kleinen Gläsern die einen oder anderen *Tapas* (s. S. 23) vernaschen kann.

④ Casa de los Botines, Plaza San Marcelo

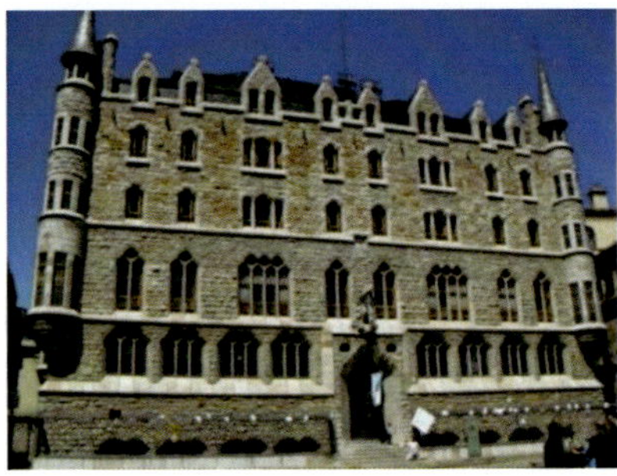

Für alle, die Antoni Gaudí mögen, ein absolutes Muss, schon allein, um eine andere Facette seiner Werke kennenzulernen. Das von ihm ab 1891 errichtete Gebäude hat längst nichts von der lockeren Fluffigkeit seiner Werke in Barcelona, ist sogar noch viel strenger als der Bischofspalast in Ponferrada (Camino Francés) und dennoch mit seinen verschieden großen Kalksteinblöcken sowie den zwar symmetrisch angeordneten, aber doch unregelmäßigen Fenstern und den spitzen Türmchen unverwechselbar.

④ Palacio de los Guzmanes, Plaza San Marcelo

Der Renaissance-Palast direkt neben dem Casa de los Botines wurde ab 1560 für die Familie Guzman errichtet, die zu den wohlhabendsten und angesehensten in Spanien zählten. In seinem Innenhof findet ihr Arkaden mit dorischen Säulen sowie mit fein gearbeiteten Steinmetztafeln abgesetzte Galerien im Obergeschoss.

Seit 1882 gehört das Gebäude der Regierung von León und wurde 1963 als historisches Denkmal von nationaler Bedeutung anerkannt.

⑤ Asociación Pulchra Leonina de Amigos del Camino

Am Sitz des Vereins der Freunde des Jakobsweges erhaltet ihr ein eigens für den Camino de San Salvador gültiges Credencial (s. S. 16) und Informationen über den Weg.

Avenida Independencia, 2, (an der Plaza de Santo Domingo), ⌛ Mo. – Fr. 11.00 – 13.00 und 18.00 – 20.00.

⑥ Basilica de San Isidoro

Ihre Geschichte beginnt mit zwei von Almansor (s. S. 26) zerstörten Kirchen, an deren Stelle Fernando I. (1018 – 1065) und seine Frau Sancha den Bau der heutigen romanischen Basilika veranlassten, um eine angemessene Grablege zu schaffen für die 1063 von Sevilla überführten Reliquien von

San Isidoro (um 560 – 4. April 636)
Der Bischof von Sevilla gilt als einer der bedeutendsten Gelehrten der westgotischen Ära und zählt aufgrund seiner Schriften zu den Kirchenvätern.

Aus dieser Zeit sind allerdings nur die Giebel des Nordflügels erhalten. Ihre Tochter Urraca erweiterte das Gotteshaus um die beeindruckende königliche Grabkammer Pantheón Real, deren Fresken zu den bedeutendsten ihrer Epoche zählen und dem Raum den Beinamen „Sixtinische Kapelle der Romanik" einbrachten. Bei einem im Museum ausgestellten Kelch soll es sich – wie bei etwa 200 anderen Objekten in Europa – um den des letzten Abendmahls, den Heiligen Gral, handeln.

Gottesdienst mit Pilgersegen: sonntags 19.30.

⑦ *Muralla* - Stadtmauer

Die Römer wussten ihr Heerlager wohl vor Überfällen zu schützen und umgaben es mit einer viereckigen Befestigungsmauer aus Quadersteinen, Kies und Mörtel, die von Alfonso V. und Alfonso IX. instandgehalten und mit weiteren Durchgängen versehen wurde. Den wohl schönsten Blick auf sie hat man an der **Puerta Castillo** am Kreisel **Plaza Espolón** und kann von dort ihrer Außenseite gut zur Kathedrale folgen.

⑧ Convento San Marcos

Seine beeindruckende Fassade zählt mit ihren mehr als 100 m nicht nur zu den längsten, sondern durch deren platereske Verzierungen auch zu den schönsten der Stadt.

Der **Platereske Stil** (span. *Estilo plateresco*) leitet sich von *Platero*, Silberschmied – womit eigentlich auch schon seine Merkmale erklärt sind: Seine feinen, fast schon ziseliert wirkenden Elemente, stammen aus dem Ende des 15. bis Ende des 17. Jh..

Die Geschichte des Konvents führt zurück auf das 12. Jh. und den Orden de Santiago (s. S. 18). Nach und nach kamen eine Kirche und ein Pilger-*Hospital* (s. S. 18) dazu.

Die heutigen Gebäude stammen zum größten Teil aus dem 16. Jh., dem goldenen Zeitalter Spaniens:

- **Siglo de Oro** (1550 – 1681)
  Die Reconquista (s. S. 24) war abgeschlossen, Christoph Columbus hatte Amerika entdeckt (1492) und das Land erlebte im Übergang von der Renaissance zum Barock seine Blütezeit in Kunst und Kultur.

Das Portal mit einer Darstellung des Heiligen Jakobus als *Matamoros* (s. S. 18) entstand 1708 – 1716.

In Anbetracht der Schönheit dieses Gebäudes grauselt es mir es zu erwähnen, aber auch das gehört leider zu seiner Geschichte: 1936 bis Ende 1940 ließ Diktator Franco (bis 1975) zahlreiche seiner Gegner in seinen Mauern inhaftieren und ermorden.

Heute befindet sich darin ein Parador-Hotel.

- Die hochpreisige, staatliche Hotelkette entstammt ursprünglich der Idee, Wandernden bei Gastfamilien Unterkunft zu bieten. Alfonso XIII. (König: 1902 – Ausrufung der Republik, 14. April 1931) verfeinerte sie dahin, historische Gebäude durch Nutzung als Hotel zu erhalten und so das Land für den Tourismus attraktiver zu machen.
  Lt. Internet-Seite parador.es/de/sonderpreis-fur-pilger gewähren Parador-Hotels Pilgern gegen Vorlage des Credencials einen Rabatt von 15 %, was ich hier aber einfach nur in den Raum stellen kann und möchte, selbst allerdings nie ausprobiert habe.

Nur Mut: Wenn ihr nett nachfragt, dürft ihr ganz sicher einen Blick in seinen wunderschönen Kreuzgang werfen!

⑧ Monumento al Peregrino, Plaza de San Marcos

Der in den Himmel guckende Pilger sitzt an ein Kreuz gelehnt auf dem Vorplatz des Konvents.

⌂⌂ (Res. s. u.) 96/4, M, W/T, ⧗ 01.03. – 15.12., Mai – Okt. 11.00 – 22.30, sonst 12.00 – 22.00, ab 10,--

⑨ Albergue del Convento de las Carbajalas, Pl. Santa María del Camino, 3, ☏ 689 801 077/657 786 301, abergueslleon.com, Reservierung nur für Gruppen ab 4 Personen, 2,--/Credencial.

Von der Plaza Mayor durch die C/Sta. Cruz, am Ende geradeaus in die C/Cuesta Castañones, erste links zur gepflasterten Plaza del Grano, im

☿ **Monasterio de Santa María de Carbajal**

Die Ursprünge dieses Benediktinerinnen-Konvents liegen im von Ramiro II. gründeten Kloster San Salvador de Palat del Rey (931 – 951), dem er seine Tochter Elvira Ramírez als Äbtissin vorstellte. Nach mehreren Verlegungen und Umzügen residierte die klösterliche Gemeinschaft 452 Jahre lang in Carbajal de la Legua (s. S. 52), weshalb sie bald nur noch *Las Carbajalas* genannt wurden. Erst Ende des 16. Jh. zog es die 30 ausschließlich aus leonischem Adel stammenden Nonnen wieder zurück nach León, wo sie sehr gerne und feierlich begrüßt und in diesem von der Familie Quiñones de Alcedo bereitgestellten Gebäude am Plaza del Grano, dem Marktplatz außerhalb der Stadtmauer, untergebracht wurden.

⧗ Gottesdienst mit Pilgersegen: Mitte Juni – Ende September 19.00 Uhr.

⌂♿ Res., 60/8, K eingeschränkt nutzbar, W/T, ⧗ März – Okt. tägl., Rest des Jahres Do. – So. 12.00 – 21.00, ab 16,--

⑩ Albergue Muralla Leonesa, C/Tarifa, 5, ☏ 987 177 873, alberguemurallaleonesa.com, ab 40,--/DZ, ab 60,--/3Z, ab 72,--/4Z. Ihr erreicht sie von der Plaza Mayor durch die C/Sta. Cruz, wenn sie eine Rechtskurve macht, links.

⌂ Res. (s. u.), 40/2, K/M, W/T, ⧗ ganzjährig 12.00 – 23.00, 12,--

Albergue Check in León, Av. Alcalde Miguel Castaño, 88, ☏ 987 498 793/686 956 896, checkinleon.es, außerhalb der Hauptpilgerzeit und dann gerade an Sonntagen vorher telefonisch anmelden, 2,--/Credencial, ca. 1,6 km außerhalb des Zentrums am ankommenden Camino Francés.

Res., 70/23, ganzjährig 8.00 – 24.00, ab 12,--
Albergue-Residencia San Francisco de Asís, Av. Alcalde Miguel Castaño, 4, ☏ 987 215 060, reservas.leon@alberguescapuchinos. org, 9,--/Frühstück, 1,8 km außerhalb des Zentrums am ankommenden Camino Francés.

Res., 48/3, K, W/T, März – Nov. 10.00 – 22.00, ab 12,--
Albergue Santo Tomás de Canterbury, Av. de la Lastra 53, ☏ 987 392 626, alberguesantotomas.com, 2,--/Credencial. 4,--/Frühstück, 3 km außerhalb des Zentrums am ankommenden Camino Francés.

- León Hostel, C/Ancha, 8, ☏ 987 079 907/601 314 574, ab 18,--, ab 48,--/DZ, an der Kathedrale
- Globetrotter Hostel, C/Paloma, 8, ☏ 987 103 267, globetrotterhostel.es, ab 20,--, 100 m von der Kathedrale entfernt.
- Zentric Hostel, C/Legión VII, 6, 2. Stock links, ☏ 636 946 294, ab 15,--, ab 50,--/EZ, ab 65,--/DZ, ab 83,--/3Z, ab 111,--/4Z, 400 m von der Kathedrale entfernt
- Hostel Covent Garden, C/Ancha, 25, ☏ 987 004 428/601 082 002, ab 22,--, ab 50,--/DZ., 300 m von Kathedrale entfernt
- Hostel Rua 35, C/Rúa, 35, ☏ 666 139 873, ab 20,--, ab 57,--/DZ, ab 82,--/3Z, ab 86,--/4Z, 500 m von der Kathedrale entfernt

und ganz viele mehr

León – Cabanillas

(⇨ 18,6 km, ⇧ 280 m, ⇩ 220 m)

CdSS01

Auch dieser wunderschöne Camino beginnt mit dem ersten Schritt!

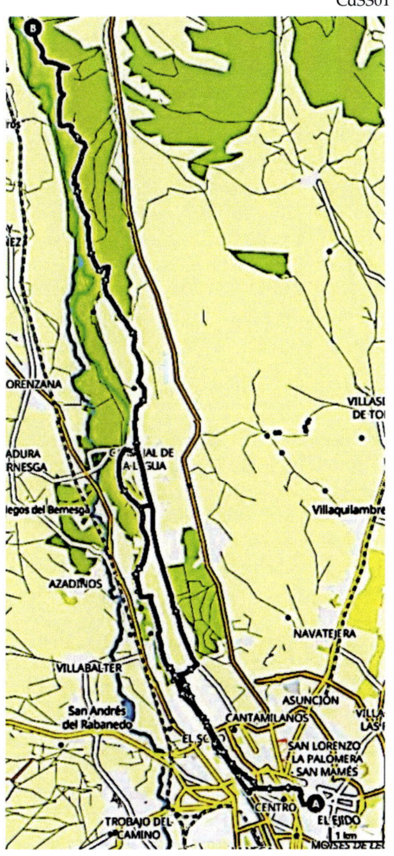

Wichtiges vorweg:

++/+ Carbajal de la Legua (9 km)

Cabanillas

- Kündigt eine Übernachtung bitte rechtzeitig telefonisch an und denkt an Abendbrot und Frühstück!
- León – Carabajal de la Legua (mehrmals)
- León – Cabanillas (spärlich)

Seid ihr bereit? Sind eure Stiefel geschnürt? Dann kann es ja losgehen!

Bis zum Convento San Marcos folgt ihr den gelben Pfeilen des Camino Francés.

Ihr wendet der Kathedrale den Rücken zu und geht

- ☞ gegenüber ihres Hauptportals durch die C/Sierra Pambley,
- ☞ gleich rechts durch die

C/Dámaso Merion,

☛ überquert die C/Cervantes nach schrägrechts in eine Gasse und stoßt an deren Ende auf die Grünanlage **Parque El Cid**.

🕯 ***El Cid*** (von arabisch *al-syyid* – der Herr)

Tatsächlich war Rodrigo Díaz de Vivar, als welcher *El Cid* um 1045 in Valencia geboren wurde, ein wirklich schlimmer Finger: Ränke, Verrat, Demütigungen, Plünderungen, Zerstörungen, Mord … Für seinen eigenen Vorteil schlug er sich während der Reconquista mal auf christliche, mal auf maurische Seite.

Zur Schlüsselfigur der Rückeroberung wurde er erst, als er die Mauren um 1090 aus Valencia vertrieb, die Stadt zum Bollwerk gegen sie ausbaute und sich selbst zum Herrn über sie ernannte. Und – schwups – wurde er ein Held im Reich der Sagen und Legen:

Als *El Cid* von den Mauren in einem Hinterhalt tödlich verwundet worden war, nahm er seinen Gefolgsleuten das Versprechen ab, abermals gegen den Feind in den Kampf ziehen zu dürfen. Die, ganz Ehrenmänner, hielten sich an die Abmachung, packten ihm rosige Farbe ins Gesicht, steckten ihn in seine Rüstung, setzten ihn auf seinen getreuen Hengst Balbeca (der bei der Gelegenheit der Urvater der Pferderasse Andalusier wurde), knoteten ihm sein Schwert an die Hand und ließen ihn ins Kampfgetümmel preschen. Dieser Anblick ließ den Berbern das Blut derart in den Adern gefrieren – ob vor *El Cid* als Person, ob aus Schrecken über den Anblick eines Totgeglaubten, ob aus Grauen darüber, was ihre Gegner mit den Leichen von Freunden anstellen, oder aus Furcht davor, was sie dann wohl lebenden Gegnern antun könnten, … – dass sie ihr Heil in der Flucht suchten.

☛ Rechts kommt ihr zur **Basilica de San Isidoro** (0,5 km, s. S. 45), lasst sie mit der C/del Sacramentao

☛ an eurer linken Schulter, biegt dann

☛ links in die C/Abadía ein und erreicht immer geradeaus durch die C/Renueva und Av. Suero de Quiñones einen großen Kreisel (1,3 km). Dort seht ihr

☛ links von euch schon das Gebäude des **Convento San Marcos** (1,4 km, s. S. 45), auf das ihr zuhaltet.

Nun ist es an der Zeit, dass ihr euch von den Pilgern des Camino Francés trennt, die den Río Bernesga überqueren, während ihr bitte auf dieser Seite des Flusses bleibt. Schrubbelt ihnen noch einmal lieb über die Arme und wünscht ihnen *¡buen Camino*!

✋ **Wegalternative**

Bevor ich dem Camino folge, habe ich einen ersten und ganz dringenden Tipp für euch: Geht da nicht! Er verläuft ausschließlich auf Straßen und ist nicht schön! Viel lauschiger und nur ca. 800 m weiter ist es, wenn ihr

- ☞ über den Platz vor dem **Convento San Marcos** zum Fluss Río Bernesga geht. Ein kleines Stückchen weiter links findet ihr diesseits des Flusses einen
- ☞ Abgang zu einem zunächst befestigten, später sandigen Fußweg, mit dem ihr seinem Lauf nach
- ☞ rechts zu einer Straße (9,3 km) folgt, an der eine Straßen- und eine Fußgängerbrücke dicht nebeneinanderstehen. Die
- ☞ kreuzt ihr nur schnell in einen Fahrweg, der nach knapp 400 m und einer Rechtskurve auf die Hauptstraße von **Carbajal** und den Camino stößt, auf den ihr euch nach
- ☞ links einhakt (dort bei 9 km).

Möchtet ihr zunächst noch auf dem offiziellen Camino bleiben, könnt ihr auch später über Abgänge auf diesen Uferweg wechseln.

Camino

Ihr biegt noch vor dem Convento de San Marcos

- ☞ rechts in die Av. los Peregrinos ein, lasst so das Kloster an eurer linken Schulter und passiert
- ✋ das erste Hinweisschild des Camino de San Salvador (s. S. 35). An den folgenden beiden Kreisel (1,9 km mit einem Flugzeug, auf dem ab 1953 Piloten ausgebildet wurden, 3 km mit Olive) bleibt ihr jeweils
- ☞ geradeaus in Laufrichtung und erreicht ein drittes Rondell (4,2 km).
- ✋ Hier habt ihr ein letztes Mal die Möglichkeit, auf die Wegalternative zu wechseln.

Die Pfeile biegen nach

- ☞ rechts ab, führen ganz hinauf zur LE-5504/Carretera de Carbajal (4,5 km) und folgen ihr nach

☛ links weniger durch dick als vielmehr durch seeehr dünn durch die Wohnanlagen der Vororte von León nach

++/+ Carbajal de la Legua (8,6 km).

Findet ihr in der Bar einen Hinweis auf ***Limonada de la Casa***: Das ist keine Limonade, obwohl *Limonada* tatsächlich Limonade heißt, sondern eine Art Sangria, also Wein mit frischen Früchten. Den hättet ihr in León gebraucht, um euch den offiziellen Camino schönzutrinken. Jetzt ist es zu spät und es liegen noch einige Kilometer vor euch.

Bis Cascantes de Alba in 14 km gibt es keine Möglichkeit mehr einzukehren. Das nächste Lädchen findet ihr gar erst in La Robla.

Wenn die LE-5504 nach links abknickt, wechselt ihr

☛ geradeaus in die Av. San Antonio.

Zu einer kleinen *Tienda* folgt ihr dem Schild zum „Consultorió médico" nach rechts in die C/la Iglesia, das

++ Centro de Salud, C/la Iglesia, 35, ☏ 987 288 198, Mo. – Fr. 9.00 – 14.00, findet ihr einige Schritte weiter am Ende der Straße rechts auf der rechten Seite vor einem Sportplatz.

Nach dem

☿ **Monumento al Peregriono**, einer kleinen Darstellung einer Kirche,

am Ende des Dorfes (9,4 km) geht die Straße in einen Staubweg über und bringt euch langsam, aber sicher in die freie Natur. Nein, hier ist es noch nicht berauschend, aber das kommt noch. *„Calma, todo está marchando a su tiempo,"* nur Geduld, alles hat seine Zeit.

Ihr folgt der breiten Spur auf und ab durch das Valle de Carbajal (*Valle* – Tal) zwischen Río Bernesga und N-630, kreuzt den Arroyo del Valle (10 km), bleibt gleich darauf

☛ rechtsgeradeaus und gewinnt schnell an Höhe. Der Weg wird sehr viel schöner und es macht richtig Spaß ihn zu gehen. Ein bisschen tückisch ist, dass sich hinter den eben mühsam erklommenen Höhen der nächste Hügel versteckt, auf den ihr noch hinaufmüsst.

An den nächsten Verzweigungen (11,3 km, 11,6 km) geht ihr jeweils

- ☛ linksgeradeaus, überquert mit einer Spitzkehre nach links (12,6 km) den Arroyo Valdecastro.

Nachdem ihr einen Weg (13,3 km) rechts liegen gelassen habt und von links ein Weg (12,3 km) auf eure Route gestoßen ist, findet ihr in einer spitzen Linkskurve links von euch die leider nur sehr spärlichen Überbleibsel des Klosters

☿ **San Tirso de Valdecastro** (12,7 km, um 1028)
Einem Dokument des Königs an einen Esperus zufolge wurde es zu dem Zweck gegründet, den Einwohnern in diesem engen Tal eine Zuflucht vor den Mauren zu bieten. Tatsächlich lag es hier bestens versteckt und doch gut versorgt durch den forellenreichen Río Bernesga und das Wild aus den umliegenden Wäldern. Späterhin wurde das Kloster nebst seinem Vermögen zu einem Zankapfel zwischen dem Feudalherrn und dem Bischof. Der Bischof gewann den Zwist, der Feudalherr ließ das Kloster zerstören, wurde von seiner Hochwürdenvon der Kirche ausgeschlossen und konnte dies nur wieder in Ordnung bringen, indem er nicht nur die neuen Besitzverhältnisse anerkannte, sondern auch all sein Hab und Gut an den geistlichen Stuhl abtrat. – Dumm gelaufen.

San Tirso – Heiliger Thyrsos
Geboren wurde dieser römische Soldat um das Jahr 250, also in einer Zeit, in der Kaiser Decius Christen besonders nachdrücklich verfolgen ließ, in oder in der Nähe von Apollonia (heute Gölyazi, Türkei). Die Legende verbindet ihn dort mit 17 Glaubensgefährten, u. a. Leukios, nach dessen Hinrichtung er sich zum christlichen Glauben bekannte und diese Tötung als Mord und Verehrung falscher Götter bezeichnete. Diesen Frevel konnte Präfekt Braulus freilich nicht so stehenlassen, verurteilte ihn zum Tode und griff zur Vollstreckung zu Foltermethoden, die sich auszudenken selbst dem gruseligsten Gruselautoren zu gruselig wären: glühende Eisen, Sägen, Haarkuren aus heißem Blei, Kuscheleinheiten mit Löwen und Bären, ... Doch all die Schmerzen, die ihm zugefügt werden sollten, übertrugen sich nur auf seinen Richter und während dieser unter den von ihm selbst befohlenen Höllenqualen litt, ließen sich immer mehr Zeugen der fruchtlosen Folterungen taufen – auch

wenn sie meist nicht lange Gelegenheit hatten, ihren Glauben auch zu praktizieren. Thyrsos selbst verstarb erst später friedlich und nach einem letzten Gebet an den Folgen seines Martyriums.

☺ Am Mirador de Bernesga lasst ihr einen Weg rechts liegen und genießt gerne die Aussicht, bevor ihr stramm bergab die Reste des verfallenen Dorfes **Villalbura** (14,4 km) erreicht. Ihr erkennt diesen Ort an den
☿ beiden aus dem Boden ragenden Händen, die ein Kreuz halten. Dort könnt ihr nur wenige Meter
zu einem Brunnen hinuntersteigen und euch in einem
Pilgerbuch eintragen.

Nun geht es noch strammer wieder bergauf zu höchsten Punkt dieser Etappe (15,4 km, 990 m ü. NN). Hier verlasst ihr den Hauptweg nach
☞ links zu einer kleinen Niederung (15,9 km), die ihr entweder mit dem Weg umlaufen oder mit einem Trampelpfad durchqueren könnt. Eine scharfe
☞ Linkskurve bringt euch um ein
☺ Rastplätzchen (16,8 km) herum, an dem ihr euch ebenfalls in ein
Pilgerbuch eintragen könnt.

Bald darauf (17,1 km) lasst ihr in einer Rechtskurve einen Weg rechts liegen, verlasst die Hauptspur gleich anschließend (17,4 km) nach
☞ links zügig bergab und erreicht kurz darauf im Dörfchen
Cabanillas die **Plaza del Peregrino** mit einem
sehr netten Pilgergruß (s. S. 19) und einem Trinkwasserbrunnen

4/1, M, ganzjährig, Spende
Zur Albergue de Peregrinos de Cabanillas, C/de la Iglesia, 20, ☏ 659 387 040/657 473 749, geht ihr nach der Plaza rechts zur Kirche.

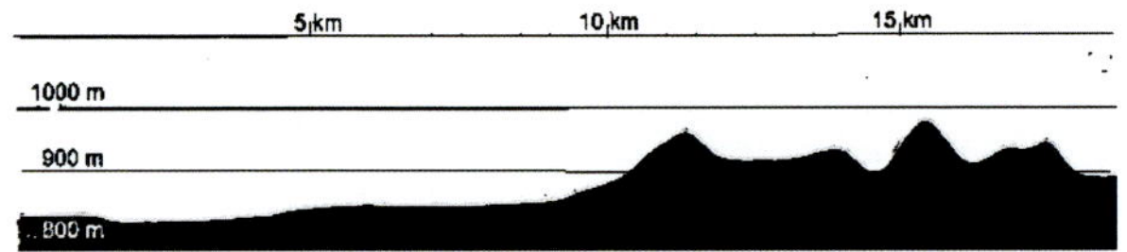

Cabanillas – La Robla

(⇨ 9,6 km, ⇧ 80 m, ⇩ 20 m)

CdSS02

„Der Weg liegt nicht im Himmel. Der Weg liegt im Herzen."

(Buddha)

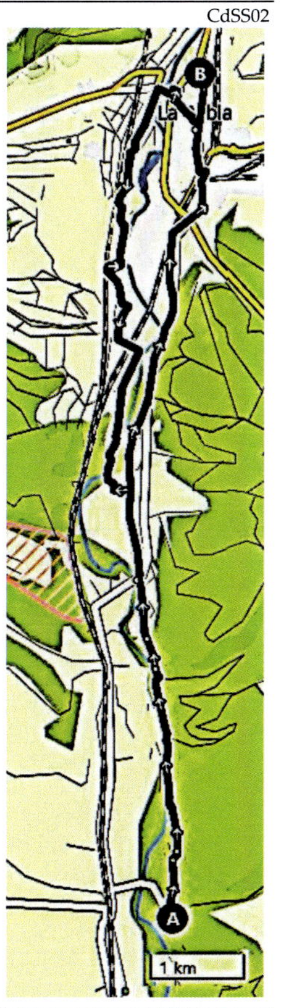

Wichtiges vorweg:

- ☕ La Seca de Alba (2,1 km + 420 m)
- ☕ Cascantes de Alba (4,4 km)
- 🏠🏠 ☕🍎 La Robla
- 🚌 Cruce de Valsemana (850 m der Straße über den Río de Bernesga folgen) – La Robla (früh, spät).

Ihr folgt der der Straße wenige Meter weiter

- ☞ über eine kleine Brücke und biegt danach sofort
- ☞ rechts in einen Staubweg ein. Bald teilt er sich an einem verfallenen Gemäuer. Dort führen die Pfeile euch
- ☞ links durch Weiden und sofort nach einem Bodengitter (0,7 km) nach
- ☞ rechts mit einem Steinweg ein bisschen rechts oberhalb des hier breiten Tals entlang. Am nächsten Bodengitter (1,3 km) wendet ihr euch nach
- ☞ links. Jetzt plätschert der Fluss direkt unter euch. Ihr erreicht eine Brücke (2,1 km) nach 🚌 La Seca de Alba.
    - ☕ Eine Bar gibt es dort nach rechts in ca. 420 m.

Diese Brücke lasst ihr links liegen, biegt an der nächsten Gabelung (2,6 km)

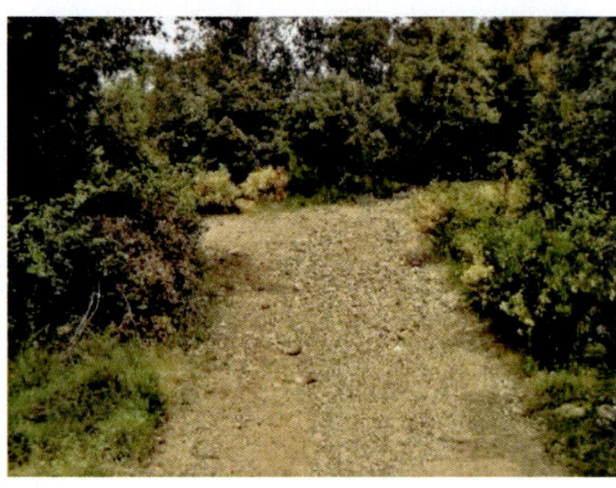

- ☞ links auf einen steinigen Weg ein, haltet euch (3,1 km)
- ☞ links,
- ☞ überquert die LE-4514 (3,8 km) und erreicht
- ☞ schrägrechts mit der kleineren LE-4524
- ☕ **Cascantes de Alba** (4,4 km).

✋ **Wegalternative**

Der Camino führt euch zwar an der romanischen Kapelle Ermita de la Celada vorbei und lässt euch durch eine besonders schöne Pilgerpforte schreiten, die Strecke dorthin auf der Landstraße LE-4514 ist jedoch nicht nur nicht schön, sondern für Fußgänger auch nicht ungefährlich. Darum habe ich diese Wegalternative für euch:

Nachdem ihr den Ortskern verlassen habt, findet ihr nach der Hausnummer 93 (4,7 km, Initialen A-RR am Gartentor)

- ☞ links einen schmalen Wirtschaftsweg,
- ☞ überquert mit ihm den Río Bernesga (5,1 km),
- ☞ unterquert eine Bahntrasse (6,4 km), wechselt (8,2 km, rechts führt eine Brücke zum Gelände eines ehemaligen Kohlekraftwerks)
- ☞ links auf eine Straße und bleibt vor einer Unterführung (8,5 km)
- ☞ rechts diesseits der Bahngleise. Die Straße führt um einen kleinen eingezäunten Bereich herum. Noch bevor ihr die Schienen wieder erreicht, findet ihr (9,2 km)
- ☞ rechts einen breiten Wirtschaftsweg, der euch fast kerzengerade zur CL-626 (9,8 km) bringt. Dort geht ihr
- ☞ rechts über den Fluss, steigt an einem Kreisverkehr über eine
- ☞ Fußgängerbrücke nach geradeaus zur Ctra. La Magdalena und

☞ haltet euch dann in Laufrichtung, bis ihr auf Höhe des *Ayuntamiento*, Rathaus, auf die C/Mayor und den Camino trefft.

Zu einem Supermarkt geht ihr dem Camino nach rechts entgegen und die zweite Straße rechts.

Camino

Mit dem Sträßchen erreicht ihr erneut die LE-4514 (5,7 km), der ihr nach

☞ links folgt.

Auf dieser Landstraße zu gehen, ist nicht sehr lustig und gerade an den Leitplanken, hinter die ihr leider nicht ausweichen könnt, auch nicht ungefährlich. Gut ist nur, dass hier nicht so viele Autos fahren.

Im letzten Viertel des ersten großen Fabrikgebäudes (6,9 km) dürft ihr endlich

☞ links auf einen Splittweg hinunterrutschen und tief durchatmen.

☿ **Ermita de la Celada** (7,6 km, 13. Jh., *Ermita* – Kapelle)

König Alfonso XI. (14. Jh.) erwähnte diesen Ort in seinem „Libro de Montería“ als Pilger-*Hospital*. Tatsächlich wird ein gotischer Spitzbogen im Inneren auf das 14. Jh. datiert; der Rest des heutigen Gebäudes stammt aus dem 17. Jh., der dreibogige Portikus (Vorbau) mit dem Wappen der Familie Quiñones aus dem 18. Jh.

Celada bedeutet Hinterhalt und bietet eine hervorragende Grundlage für eine kleine Legende: An dieser Stelle kam es immer wieder zu harten Auseinandersetzungen christlicher Widerstandskämpfer mit den Mauren. In ihrer Not riefen sie die Jungfrau Maria um Hilfe an und prompt wurden in ihnen nicht nur neue Kampfgeister geweckt, sondern auch die Idee, sich ein Versteck zu schaffen, aus dem sie die Gegner mit einem Überraschungsangriff überrumpeln wollten. Freilich war diese List erfolgreich, der Gegner wurde besiegt und als Dank an dieser Stelle eine der himmlischen Beisteherin gewidmetes Gotteshäuschen errichtet.

⁂ Am ersten Sonntag im August wird von hier die romanische Muttergottes-Schnitzerei Virgen de las Nieves in einer feierlichen Prozession zur Stadtkirche getragen.

Links des Kirchleins befindet sich eine Wasserstelle.

Weil die Straßenpassage wirklich gruselig war, hat man für euch noch ein weiteres kleines Schmankerl angebracht:

☿ Eine wunderschöne Pilgerpforte mit Pilgerhand *Mano del Peregrino.*

Kurz darauf erreicht ihr
La Robla.

Am Ende der Straße biegt ihr
- links in die C/Ramón y Cajal ein und
- überquert auf einer Fußgängerbrücke (8,4 km) die Bahngleise.

Die C/Ramón y Cajal setzt sich dort nach
- rechts fort und geht nach dem Rathaus in die C/Mayor über.

Vor dem Casa de Cultura links in der C/Alcalde José Benjamin Villalobos findet ihr einen Supermarkt.

++ Zum Consultorio Médico, C/Josefina Rodriguez Aldecoa, 5, ☎ 987 572 244, Mo. – Fr. 9.00 – 14.00, Notfälle 24/7, und

einem weiteren Supermarkt geht ihr nach dem Casa de Cultura (links) links.

Hostal Ordóñez de Celis, C. Ramón y Cajal, 5, ☎ 987 572 342, ab 20, --/EZ incl. Waschmaschine (kurz vor dem Rathaus)

Pensión Mundo, C. Gordón Ordás, 9, ☎ 676 237 926/987 570 733, ab 23,--/EZ, ab 40,--/DZ, zweite Straße nach dem Rathaus rechts.

Posada La Milana, Trav. de La Milana, 26, ☎ 672 117 401, ab 23,--/EZ, ab 40,--/DZ, blaues Haus, zweite Straße nach dem Rathaus links.

16/1, K/M, W, ganzjährig ab 12.00, 8,--
Die Albergue de Peregrinos de La Robla, C/Mayor, 69, ☎ 682 541 836, befindet sich am Ortsausgang nach dem letzten Haus und vor der langen Mauer mit Zaun in der Straße links auf der rechten Seite. Den Schlüssel erhaltet ihr in der

Bar direkt gegenüber, die auch ein Pilgermenü anbietet.

La Robla – Buiza

(⇨ 13,4 km, ⇧ 180 m, ⇩ 30 m)

CdSS03

„Wir müssen bereit sein, uns von dem Leben zu lösen, das wir geplant haben, damit wir das Leben finden, das auf uns wartet."

(Oscar Wilde)

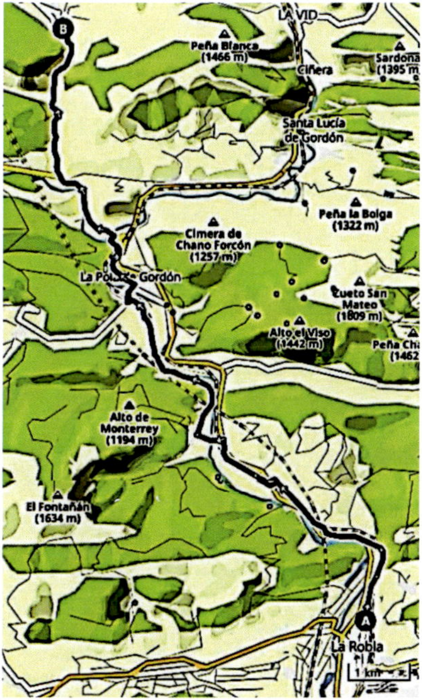

Wichtiges vorweg:

- Santuario del Buen Suceso (4,2 km)
- ++/+ La Pola de Gord. (8,3 km)
- Beberino (9,9 km + 0,5 km)
- Buiza
  - Anmeldung bis 14.30 Uhr im Rathaus von La Pola de G. oder telefonisch.
- La Robla – La Pola de Gordón (vorm.).
- Möchtet ihr in Poladura de la Tercia übernachten und im Casa Rural essen, solltet ihr euch unbedingt rechtzeitig anmelden (s. S. 66).

Der Camino folgt der Straße aus dem Ort hinaus zum

☿ **Acueducto de El Encañao** (0,9 km)
Das heutige Aquädukt stammt aus dem 18. Jh., doch man geht davon aus, dass bereits die Römer an dieser Stelle in ähnlicher Weise für fließendes Wasser sorgten.

☿ **Puente de Los Toreros** (1,2 km)
Die heutige Brücke ersetzt Historikern zufolge seit dem 18. Jh. eine Vorgängerpassage über den Río Bernesga und verdankt ihren Namen dem ersten Autounfall der Region: Als in den 1920er Jahren Toreros in einem Cabriolet von einem Stierkampf zurückkamen, waren sie wohl mit dem Kopf nicht wirklich bei der Sache, schossen, zu jener Zeit hatte die Brücke seitlich noch nur eine niedrige Begrenzung, über die Fahrbahn hinaus und mussten von den Menschen von Puente de Alba aus dem rauschenden Fluss gefischt werden. Als Dankeschön für diese Hilfe und ihre Rettung rauschte es abermals, allerdings mehr berauschend, nämlich ein Jahr später bei einem großen Dankesfest.

Dabei wird sie zu einer schmalen Landstraße, was aber nicht schlimm ist, weil sie einen Bürgersteig hat, auf dem ihr pilgern könnt. Am Ortsende von 🚌 **Puente de Alba** (1,7 km) führen euch die Pfeile

☞ halbrechts asphaltiert parallel zur Landstraße nach und durch 🚌 **Peredilla** und nach dem letzten Haus (3,3 km) nach
☞ links auf einem Splittweg an den Bahngleisen entlang zur Kapelle

☿ **Santuario del Buen Suceso**
Über den Ursprung des Kirchleins (4,2 km) weiß man nur, dass es im 10. Jh. erstmals erwähnt wird. Aaaber für solche Fälle gibt es ja das Reich der Sagen und Legenden:
Der Volksmund erzählt, ein Fischer habe mit seinem Sohn am Ufer des Río Bernesga eine Holzfigur der Muttergottes gefunden und wollte sie in einer nahegelegenen Kirche platzieren, damit alle kommen und sie anbeten konnten. Doch die Figur kehrte immer wieder zu ihrem Fundort zurück. Da beschloss der Fischer, ihr eben dort eine kleine, bescheidene Kapelle zu errichten.

Die heutigen Mauern erhielt das Kirchlein, einer Inschrift an der Südpforte zufolge, 1766. Zu jener Zeit hatte es auch die Funktion eines Pilger-*Hospitals*. Als das *Santuario* 1936 geplündert wurde, gelang es den Menschen noch, das Bild der Muttergottes zu retten. Während des Bürgerkrieges wurde die Kirche allerdings für militärische Zwecke genutzt und die Figur verschwand. Das heutige Altarbild hat aber auch einen netten Hintergrund: Es wurde um 1950 aus dem Kastanienholz einer alten Panera (s. S. 38) geschaffen.

Santuario – Wallfahrtskirche

Als *Santuario*, Heiligtum, werden Kirchen oder Orte bezeichnet, zu denen „aus einem bestimmten Grund der Frömmigkeit zahlreiche Anbeter pilgern." (Kodex des kanonischen Rechts).

Hier findet ihr auch einen

Brunnen und auf der gegenüberliegenden Straßenseite eine Bar.

Ihr wechselt hinauf zur Landstraße, folgt ihr kurz nach

- links, verlasst sie aber gleich mit der nächsten Straße (4,5 km) erneut nach
- links zu einem Bahnübergang (4,6 km),
- überquert den Río Bernesga und erreicht **Nocedo de Gordón**.

Am oberen Ende eines Spielplatzes biegt ihr (4,9 km)

- rechts in einen Asphaltweg ein. Er wird bald (5,6 km) zu einem Wanderweg, auf dem Pilgern richtig Spaß macht! Nachdem ihr einen Wasserlauf (6,7 km) überquert habt, geht ihr am ersten Haus
- links ein Stückchen bergauf, duckt euch
- rechts durch eine Unterführung, folgt der Straße an der Bahntrasse entlang, schlupft (8 km)
- unter ihr hindurch –
  - Hotel Biscis y Vacas, C/Capitán Lozano, 37, ☎ 696 274 166, ab 46,--/EZ, ab 68,--/DZ, ab 90,--/3Z –

  und überbrückt dann erneut
- rechts den Fluss nach

++/+ **La Pola de Gordón** (8,3 km).

++ Zum Centro de Salud de la Pola de Gordón, Av. Cardenal Aguirre, ☏ 987 588 433, geht ihr nach der Brücke rechts und sofort halblinks in
\+ eine Fußgängerstraße, gegenüber einer Apotheke.

Die nächsten Bars findet ihr in Buiza (nur Getränke), auf dem Alto de Pajares (in 23,5 km) und in Pajares (in 28,4 km). Einkaufen könnt ihr erst wieder in Campumanes (in 45,6 km). Wenn ihr also das Gewicht weniger scheut als den Hunger, solltet ihr hier dringend einen Einkaufstopp machen!

Dazu ignoriert ihr die Pfeile, die gleich nach der Brücke links und mit der nächsten Straße rechts –

Apartamento La Plata/Aguasblancas, Trav. de Svero Ochoa, 2, ☏ 676 147 029, ab 54,--/Apartment bis 5 Plätze –

zur Kirche führen und geht lieber

☞ geradeaus zur C/Constitución.

Hier gibt es rechts

in ca. 100 m einen kleinen Supermarkt, im anschließenden

Ayuntamiento, Rathaus, könnt ihr euch bis 14.30 anmelden, wenn ihr in der Herberge in Buiza übernachten möchtet, das

Alojamiento Cuatro Estaciones, C/Constitución, 77, ☏ 987 697 779, ab 46,--/EZ, ab 70,--/DZ, ab 94,--/3Z sowie die

Pensión 15 de Mayo, C. Azorín, 17, ☏ 619 444 000, ab 20,--/EZ, zweite Straße links.

Weiter geht ihr allerdings mit der C/Constitución nach

☞ links, trefft an der Kirche wieder auf den Camino.

Hostal Fontañán, C/Constitución, 169, ☏ 987 588 208, ab 40,--/EZ, ab 60,--/DZ, ab 100,--/3Z.

Nachdem ihr den Ort verlassen habt, rutscht ihr (8,7 km)

☞ halblinks auf einen schmalen Fahrweg, der euch dicht am Fluss entlangschlendern lässt,

☞ unterquert eine Bahntrasse (9,1 km), bleibt zunächst noch

☞ geradeaus und erreicht nach einem Rechtsknick die LE-473, mit der ihr

☛ links **Beberino** (9,9 km) durchquert. Etwa einen Kilometer später (10,8 km) wartet –

etwa 500 m weiter an der LE-473 gibt es die Pensión Rabocan, ☏ 640 706 621 –

☛ rechts ein Bergsträßchen darauf, euch knapp 3 km weit zwar asphaltiert, aber wirklich sehr, sehr schön durch den Einschnitt des Arroyo de Folledo zwischen karstigen Felsen nach Buiza zu bringen. Ihr passiert die **Ermita Buiza** (16. Jh., 12,2 km) und solltet bitte nicht erschrecken, wenn ihr

☿ links oben auf einer Felsnase die täuschend echte Silhouette eines Wolfes erspäht. Der **Lobo de Buiza** wacht hier über Tal und Dorf. Sollte er sich allerdings bewegen …

In **Buiza** angekommen, verlasst ihr die Landstraße

☛ rechtsgeradeaus.

12/1, K/M, ganzjährig, 5,--

Albergue de Peregrinos de Buiza, C/del Bajo la Villa, ☏ 987 597 031/679 860 372, gleich auf der rechten Seite in einem alten Schulgebäude.

Anmeldung bis 14.30 im Rathaus von La Pola de Gordón.

Vor der Herberge findet ihr einen Brunnen, an dem ihr auch dann nicht einfach vorüber gehen solltet, wenn ihr hier nicht übernachtet, denn im weiteren Verlauf geht es nicht wenig anstrengend bergauf.

( ) Im nächsten Kapitel führt euch der Camino an einer Bar (350 m) vorbei, in der allerdings, wenn sie geöffnet ist, nur Getränke ausgeschenkt werden.

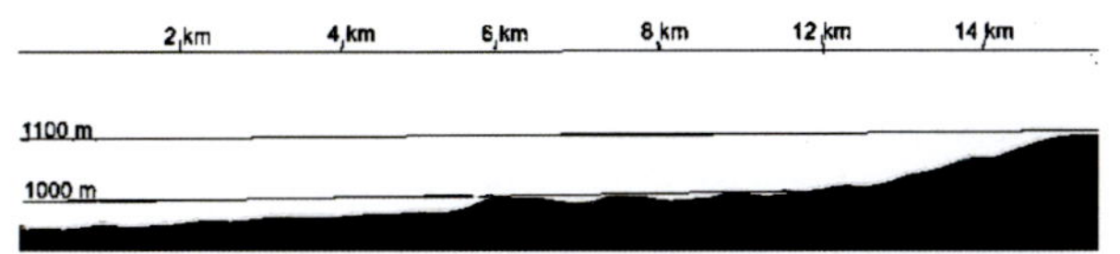

Buiza – Poladura de la Tercia

(⇨ 9,3 km, ⇧ 360 m, ⇩ 240 m)

Es ist an der Zeit, die Erde mit den Füßen zu küssen!

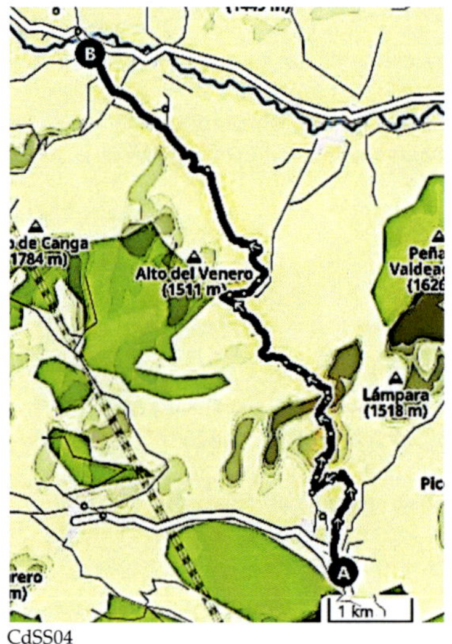

CdSS04

Wichtiges vorweg:

- Bis Poladura de la Tercia gibt es nur Berge und eure Trinkflasche!
- Poladura de la Tercia
- Zum Abendessen im Casa Rural Posada El Emburjo meldet euch mindestens einen Tag zuvor an!
- Bitte beachtet die Sicherheitsregeln auf Seite 33!.
- Villasimpliz – Villamanin (nachmittags, s. Notausstieg)
- Ventosilla (in Villamanin über den Fluss) – Rodiezmo - San Martin de la Tercia – Poladura de la Tercia (abends, s. Notausstieg)

Bis Pajares überquert ihr zwei Berge, die euch zwischen beeindruckenden Felsspitzen großartige Ausblicke bescheren. Genießt es!

Ihr folgt der Straße vorbei an einem

Brunnen bis zu einem niedrigen Anbau mit Briefkasten (230 m), wechselt dort

rechtsgeradeaus in die C/Iglesia –

in der ersten Straße links kommt ihr zur Bar (s. S. 63) –

und kommt zur Kirche (450 m).

- Notausstieg
  Die C/Iglesia führt rechtsgeradeaus nach 🚌 Villasimpliz (3,9 km).

Hier haltet ihr euch

- ☞ links und pilgert gleich darauf
- ☞ rechts erst auf einem Schotter-, dann (780 m)
- ☞ rechts auf einem Feldweg bergauf, dessen Untergrund sich immer wieder verändert: Mal geht ihr auf Traktorspuren, mal sind diese zugewachsen, nach Regen gibt es große Pfützen und am Ende (1,3 km)
- ☞ links – rechts (wenn das andere überhaupt richtige Wege sind) wird er wieder schottrig. Weil schön aber schöner ist als schottrig, geht ihr mit dem nächsten Sandweg (1,7 km) erneut
- ☞ rechts.

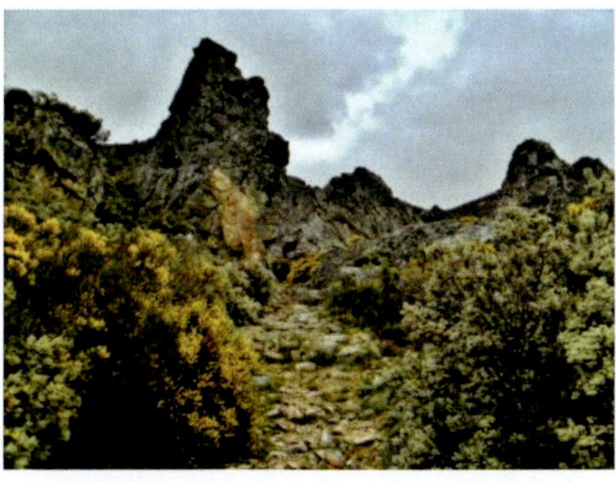

Anfangs ist der Weg noch so lala, oben wird er jedoch halsknödelig: Heidebüsche in rot und weiß, gelber Ginster, dazwischen hier und da eine grüne, krüppelige Steineiche und obendrüber die schroffen Felsen der Bergzipfel. Ihr kommt immer höher und erreicht rechts um die Felsspitzen herum (2,4 km) das Hochplateau des Alto de San Antón (3 km), das noch ein wenig ansteigt. Dann geht es stetig bergab zu einem geschotterten Wirtschaftsweg und einer engen Rechtskurve (5 km).

- Schlechtwetter- bzw. Nichtsotrittfest-Alternative/Notausstieg:
  Der Wirtschaftsweg führt zum Cruz de la Salve, Kreuz der Errettung. Von dort führt scharflinks ein breiter Weg zurück auf den Camino (+ 200 m), während der Wirtschaftsweg selbst in ☕ Rodiezmo d. 1 T. (3 km) an der Kirche vorbei und über den Río Rodiezmo zur LE-3503

(erste querende Straße an einer kleinen Grünfläche mit Ruhebänken) führt, mit der ihr nach rechts die *Estación*, den Bahnhof, von Villamanin (6,2 km) erreicht oder nach links über San Martín de la Tercia (5,6 km) ebenfalls nach Poladura de la Tercia (6,4 km) kommt.

Die gelben Pfeile wechseln gleich an einem kleinen Betonhäuschen nach

- links auf einen ansteigenden wunderschönen Gebirgspad und führen euch in einem Bogen um die Höhen des El Barrancón (links) herum. Ihr erreicht wieder einen breiteren Weg (6,4 km), folgt ihm
- linksgeradeaus und verlasst ihn (8 km; er führt nach San Martín d. l. T)
- links in einen Fußpfad.

Bergab über Weiden und Zäune kreuzt ihr einen breiten Weg (8,7 km, dieser führt ebenfalls nach San Martín de la Tercia) sowie den Arroyo de Lamoso (8,8 km) und erreicht das Bergdorf

Poladura de la Tercia.

Ich wurde hier von einem Rudel lauthals bellender Dorfhunde begrüßt und hörte von Hunden, die morgens irgendwo aus dem Nirgendwo kamen. Seid also bitte darauf vorbereitet!

12/1, K/M, Karwoche – 31.10., 9,--
Die Albergue de Peregrinos de Poladura de la Tercia, ☏ 639 354 776, Aufenthaltsraum, liegt links an einem kleinen Platz mit Bänken.

Casa Rural Posada El Emburjo, C/El Parque, 4, ☏ 659 030 282, ab 42,-- €/DZ (links unterhalb der Herberge).

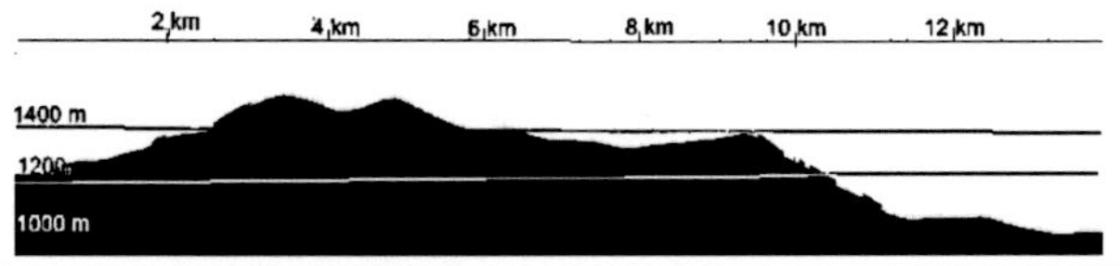

Poladura de la Tercia – Pajares

(⇨ 14 km, ⇧ 480 m, ⇩ 720 m)

Wenn aus Halsknödeln ein bisschen Demut wird!

CdSS05

Wichtiges vorweg:

- Beachtet bitte die Sicherheitsregeln auf Seite 34!
- Alto de Pajares (8,9 km + 0,2 km)
- Pajares
- Poladura d. l. T. – Villamanin (schultags morgens)
- Villamanin – Pajares (vormittags)
- Busdongo de Arbás Campomanes (1 x vormittags, s. Notausstieg)

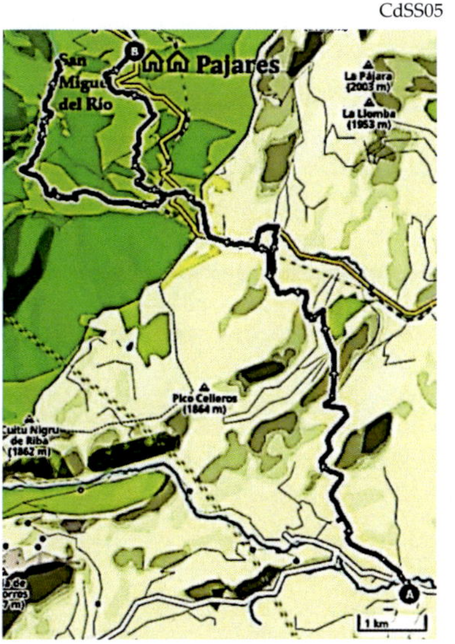

Freut euch auf eine anstrengende Etappe mit tollen Aussichten!

Ihr geht

- rechts von der Herberge die Straße hinunter zur LE-3503, mit ihr
- links an einer klitzekleinen
- Bushaltestelle vorbei,
- überquert den Barranco de la Carbona und biegt in der ersten Linkskurve (350 m)
- rechts auf einen Fußpfad ein, der über eine Wiese zu einem etwas breiteren Weg führt.
- Sollte diese zu nass sein, geht einfach wenige Meter weiter und nehmt den breiteren Weg gleich von hier unten.

Schnell gewinnt ihr an Höhe und wandert bald manchmal steinig und eng nur auf einem Trampelpfad, manchmal unbewegt durch grünes Grün.

Achtet genau auf die gelben Pfeile an Erdsteckern und Felsen!

Ihr lasst einen Weg (1,6 km) links liegen, bleibt in Laufrichtung und erreicht einen überdimensional großen Wanderstab (2,8 km, 1450 ü. NN, Titelbild), das

Cruz de San Salvador

Er soll eigentlich den höchsten Punkt des Caminos bezeichnen. Tatsächlich allerdings steigt der Weg auch nach den Felsen sachte weiter an, bis ihr am Canto la Tusa den höchsten aller Höhen erreicht (3,5 km, 1559 m ü. NN).

Herzlichen Glückwünsch, ihr seid oben, obener wirds nicht!

Ihr geht hinunter zu einem Wirtschaftsweg (4,1 km).

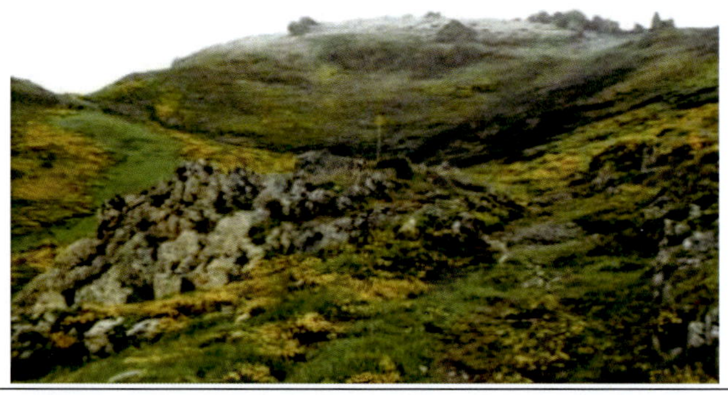

💣 Notausstieg: Dieser Weg führt nach 🚌 Busdongo de Arbás (6,2 km).

Der Camino lässt euch unterdessen

- ☞ links wieder zu einem Kamm ansteigen (4,8 km). Rechts von euch steht ein Gebäude der Gasversorgung. Hier kreuzt ihr einen Wirtschaftsweg mit gelben Pfosten (sie markieren die Gastrasse) nach
- ☞ geradeaus in einen stark überwachsenen, ganz unscheinbaren Trampelpfad (sucht nach einem großen Stein mit gelbem Pfeil, der ins Gebüsch zeigt!) und erreicht bergab eine Verzweigung (5,5 km), an der euch
- ☞ links ein Schotterweg stetig hinunter führt. Ihr kreuzt zwei Wasserläufe (5,9/6,8 km), bevor ihr
- ☞ links um den heidekrautroten Cremehütchenberg (diese Bezeichnung ist ein Produkt meiner unterzuckerten Fantasie) Las Caballetas schottert. Der Weg gabelt sich noch einmal (7 km).

✋ Um ca. 500 m abzukürzen, erreicht ihr links und am Ende erneut links die N-630 in Höhe einer eines Verkehrsknotens (7,8 km, s. u. 8,3 km).

Hier macht der Camino einen Schlenker nach

- ☞ rechts nach **Arbas del Puerto** (7,7 km).
- ☿ Die Kirche **Colegiata de Santa María de Arbás** war einstmals ein *Hospital* für Pilgernde auf ihrem Weg nach Oviedo.

Ihr folgt der N-630

- ☞ bergauf, dürft aber bald (8 km)
- ☞ links durch ein Weidetor von ihr herunterrutschen und kommt auf Höhe eines Verkehrsknotens mit den Pilgernden, die die Abkürzung nutzten, auf sie zurück (8,3 km).

Am Ende eines langen Parkplatzes und noch vor einem Werksgelände mit Silo (8,9 km) bleibe ich kurz stehen.

✋ Folgt ihr der Straße etwa 200 m zum Alto de Pajares, könnt ihr dort in einem ehemaligen Parador-Hotel einkehren und von seiner Terrasse die Aussicht genießen. Direkt nach seiner Mauer gibt es links einen Fußweg unterhalb der Straße, der in 800 m auf den Camino trifft (dort bei 9,9 km).

Schaut ihn euch bitte genau an, bevor ihr ihn geht! Er ist wirklich sehr schmal, steinig und verläuft direkt an einem steilen Abhang.

Bitte geht hier auf keinen Fall auf der Nationalstraße!

Eine Pause habt ihr euch auf alle Fälle verdient und vielleicht habt ihr ja dann auch wieder so viel Energie, die 200 m wieder zurückzugehen.

Vom Ende dieses Parkplatzes aus führt euch der Camino

- rechts über eine Weide hinter einer Anhöhe vorbei, biegt unter einer Hochspannungsleitung (9,3 km)
- links ab und
- wechselt damit von der autonomen Region Kastilien und León nach Asturien. Ein schnell abfallender Wanderpfad bringt euch zurück nur Nationalstraße (9,9 km).
- Bitte überquert ihre drei Spuren mit großer Vorsicht!

- Gegenüber schlupft ihr durch ein Weidetor und folgt einem Wirtschaftsweg stramm bergab. Dort, wo er scharf nach links abknickt (10,2 km), bleibe ich noch einmal kurz stehen.

Wegalternative

Möchtet ihr nicht in Pajares übernachten oder einkehren, habe ich diese Wegalternative für euch, die euch allerdings nur etwa 500 m schneller nach Oviedo bringt. Hierzu

- folgt ihr dem Weg weiter durch die scharfe Linkskurve immer abwärts ins Tal Valgrande. Ihr lasst einen Weg (10,5 km) links liegen, bewegt euch links eines Waldstückes, marschiert in Serpentinen über eine Wiese, kreuzt am
- Fuente Bosque Valgrande (12,6 km) einen breiteren Weg (er führt rechts nach Pajares), pilgert nun rechts oberhalb des Río Valgrande,
- überquert den Arroyo del Argayo (14,3 km) und erreicht in San **Miguel del Río** wieder den Camino (s. S. 72, dort bei 1,6 km).

Camino

Derweil führt der Camino an dieser spitzen Linkskehre

☞ geradeaus und erreicht eine Grasschneise (im Winter eine Skipiste), die sich zwischen Bäumen hinunterzieht. Hier gibt es keinen Weg, aber ihr folgt ihr hinunter und findet etwa auf halber Länge (10,6 km) auf einem Fußweg nach

☞ rechts auch wieder gelbe Pfeile.

✋ Nach Regen kann der Fußweg außerordentlich lustig werden! Diese Matschepampe als überdimensional große und tiefe Sumpflöcher zu bezeichnen wäre noch ein gutes Stück untertrieben. Geht dann lieber die Piste ganz hinunter zu einem breiten Wirtschaftsweg (er führt links zur oben beschriebenen Wegalternative) und dort rechts.

Mit eben diesem von links kommenden Wirtschaftsweg* (11,3 km), auf dem die Schlaglöcher zumindest mit Schotter und Keramikscherben verfüllt sind,

☞ rechts erreicht ihr

Pajares.

Links der Kirche führt eine schmale und sehr steile Gasse hinauf zur Nationalstraße, an der sich eine

- Bar befindet (schräg rechts gegenüber) sowie nach links
- Pensión El Mirador, N-630, ☏ 636 933 069, ab 30,--/EZ, 60,--/DZ,
- Posada Real de Pajares, ☏ 600 330 241, ab 70,--/DZ.

12/2, K/M, ganzjährig, 8,--

Zur Albergue de Peregrinos de Pajares, ☏ 645 930 092, geht ihr mit dem Camino an der Kirche geradeaus weiter, auf der linken Seite.

✋ Bei einem Anruf mindestens 1 Tag zuvor ist die *Hospitalera* Marisa sicher gerne bereit, ein paar Happen einzukaufen.

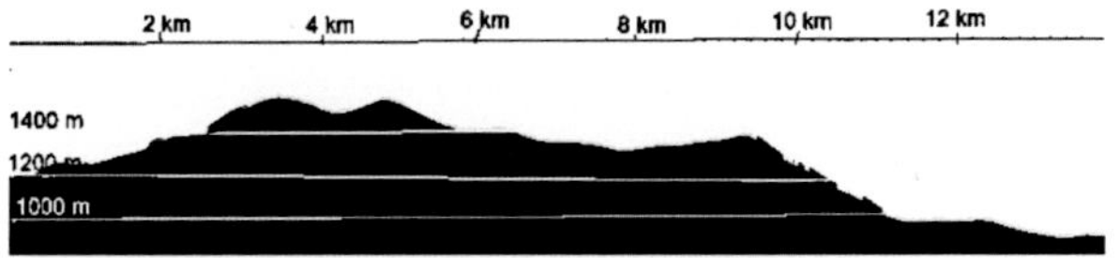

Pajares – Llanos de Somerón

(⇨ 5,1 km, ⇧ 160 m, ⇩ 280 m)

CdSS06

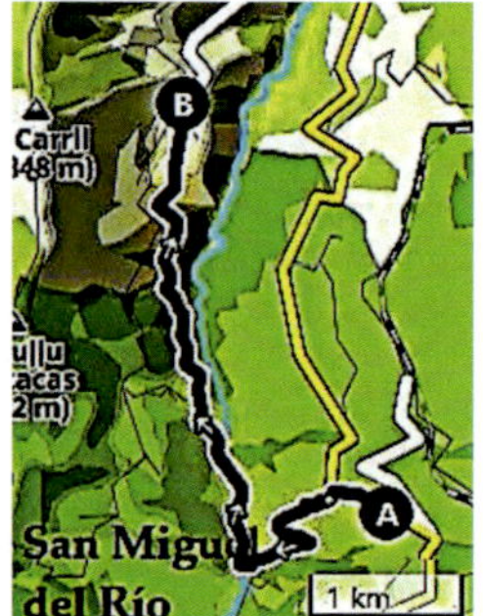

Wenn man das Glück nicht nur am Ziel sucht, sondern auf dem Weg dorthin, hat man viel öfter die Gelegenheit es zu finden!

Wichtiges vorweg:

⌂⌂ Llanos de Somerón mit Abendessen und Frühstück

🚍 Pajares – Puente de los Fierros – Pola de Lena (1 x vormittags)

Das Dorfsträßchen bringt euch vorbei an den Ruinen des

☿ **Hospital de San Miguel**.
Dass sie aus dem 18. und 19. Jh stammen, macht deutlich, dass der Camino de San Salvador durch all die Jahrhunderte hindurch genutzt wurde.

Anschließend erreicht ihr die Nationalstraße (0,2 km), der ihr

☞ links 150 m weit

💣 leider ohne Bürgersteig folgen müsst, bevor euch genau gegenüber des 82-km-Schildes (0,35 km)

☞ links ein Schotterweg stramm bergab führt.

In **San Miguel del Río** (1,6 km) pilgert ihr

☞ rechts an der Kirche vorbei, verlasst den Ort auf einer Asphaltspur, wechselt (2,4 km) –

💣 die Straße führt direkt auf die N-630 und eignet sich höchstens als Notausstieg. Auch wenn sie wohl inzwischen als *Camino de Invierno*, Winterweg, ausgeschildert ist, ist sie KEINE Alternative! –

☞ links mit dem *Camino de Verano*, Sommerweg, auf einen Wirtschaftsweg,

☞ überbrückt den Fluss Río Pajares, steigt hinauf nach **Santa Marina** (2,9 km) und findet

☺ an der kleinen Kapelle eine Sitzgruppe mit Brunnen.

Rechts des Kirchleins findet ihr genau in der Spitze der Spitzkehre ein

☞ Tor (achtet auch auf die weiß-rote Wanderwegmarkierung), hinter dem ihr auf einem wunderschönen Trampelpfad nach

⌂ **Llanos de Somerón** lustwandeln dürft.

⌂ Res., 16/1, K/M, W/T, 22.03. – 31.10. 14.00 – 19.00, 20,-- incl. Frühstück Albergue Cascoxu, ☏ 656 284 603, Abendessen 13,--/mit *Arbeyos de Llanos de Somerón* 16,--.

Arbeyos de Llanos de Somerón

Diese kleinen, harten Erbsen, die in bläulichen Schoten und nur in dieser Region so schmackhaft heranwachsen, waren einst so berühmt und begehrt, dass sie nach ganz Spanien und ins Ausland verkauft wurden. Es heißt, sie seien selbst am russischen Hof kredenzt worden und als der Koch einmal auf andere Erbsen auswich, gab es zum Dinner vom Zaren geworfenen Suppenteller.

Inzwischen werden sie leider nur noch zum Eigenverzehr angebaut.

Zubereitet werden sie vornehmlich als Eintopf, langsam gegart mit Zwiebel, Petersilie, Karotten, Knoblauch, Lorbeer und einem Hauch Safran. Vegetarisch lebenden Menschen kommt die traditionelle Zubereitungsweise sehr entgegen, nach der die Fleischeinlage in einem zweiten Topf geköchelt und erst am Ende zugefügt wird.

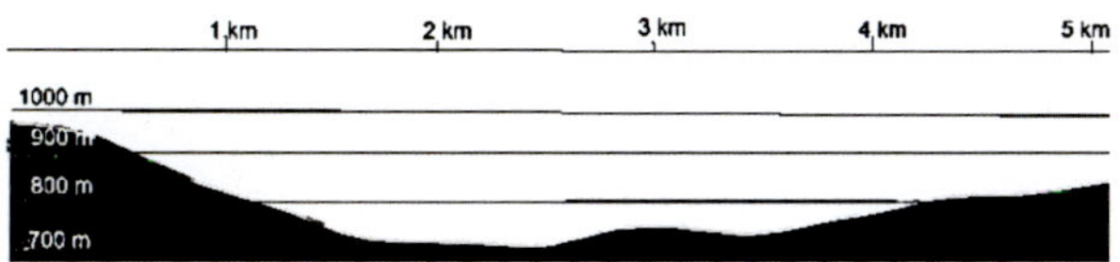

Llanos de Somerón – Erias

(⇨ 10,1 km, ⇧ 170 m, ⇩ 460 m)

Erias - Santuario de Bendueños

(+ ⇨ 1,4 km, ⇧ 80 m, ⇩ 30 m)

CdSS07

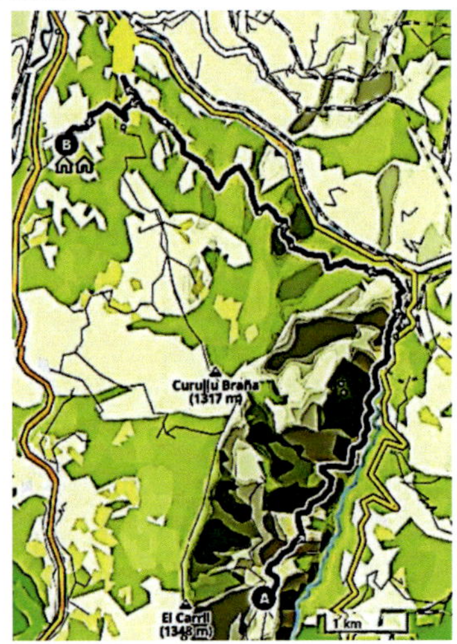

Manchmal führen Umwege an Orte, die ihre Eindrücke im Bauch hinterlassen!

Wichtiges vorweg:

- Santuario de Bendueños mit Abendessen/Frühstück
- Ab Puente de los Fierros verläuft der Camino nahe einer täglich mehrmals befahrenen Bahntrasse nach Oviedo.

An der Kirche vorbei erreicht ihr den Fahrweg LE-12. Jetzt liegt eine lange Asphaltstrecke vor euch, nicht so schön wie Wanderpfade, aber fast ebenso einsam. Wenn ihr die nächsten Häuser passiert, habt ihr dieses Stück fast geschafft und erreicht den Ortseingang von

Puente de los Fierros (4,3 km).

Nachdem ihr einen Bachlauf überquert habt, zeigen die Pfeile am letzten Strommast vor der Brücke über den Río Pajares nach

☞ links in einen schmalen Trampelpfad und lassen euch durch Menschendurchschlupfe und zuweilen hüfthohes Gras über Weiden pilgern.

In **Fresneo** (5,1 km) gabelt sich nach dem ersten Haus die Straße. Hier kommt ihr

☞ links an einem

Brunnen vorbei, bleibt dort, wo die Spur nach rechts abknickt,

☞ geradeaus auf einem Betonweg und erreicht an der nächsten Gabelung

☞ links bergauf einen Wirtschaftsweg, der bald zu einem Wanderweg wird und zunächst etwa einen Kilometer lang ziemlich knackig bergauf führt, bevor er sich etwas sachter durch den Wald wellt. An einem Gatter (5,1 km, „*¡No paso!*“ - kein Durchgang) geht ihr

☞ links am Zaun entlang. Ein Wald- und Wiesenpfad führt euch zu steinernen Wirtschaftsgebäuden und der **Capela San Miguel**, an der ihr den

Brunnen Fuente de San Miguel (8,2 km) findet.

Hier wird der Weg wieder breiter. Ihr haltet euch an allen einmündenden Feldwegen

☞ rechts und seid völlig herausgenommen aus dem Rest der Welt. Erst an einem Friedhof merkt ihr, dass es außer euch noch anderes Leben gibt (naja, das passt jetzt nicht wirklich zu einem Friedhof) und erreicht kurz darauf das kleine Bergdorf **Erias** (10,1 km), wo ihr eure

Trinkflaschen auffüllen könnt. Eine ältere Dame erklärte und zeigte mir sehr anschaulich schlürfend, dass ich lieber das Wasser aus dem ein wenig eingemoosten Eisenrohr nehmen sollte als das aus dem Edelstahlrohr, aber … ich hatte ja noch genug in der Flasche.

Nachdem ihr das Brunnenhäuschen oberhalb passiert habt, erreicht ihr einen Fahrweg, an dem ich dieses Kapitel mit dem Zeigefinger auf Bendueños und die nächste Seite beende.

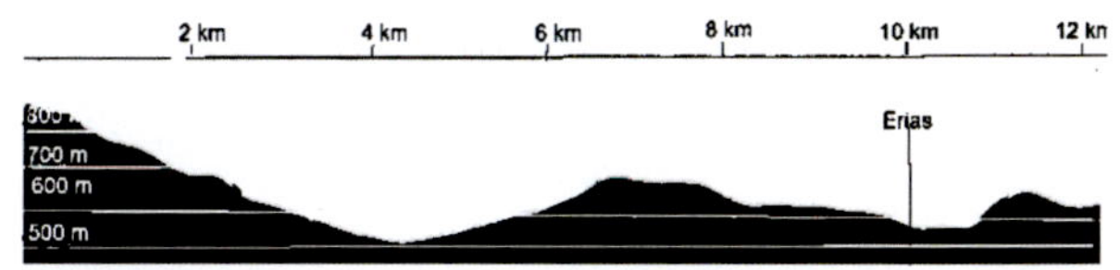

Santuario de Bendueños:
Folgt ihr an dieser Stelle dem Sträßchen ca. 1,4 km und 80 Höhenmeter nach links, erreicht ihr die

Res., 8/1, K, März – Okt. 15.00 – 22.00, Spende (1,4 km)
Albergue de Peregrinos Santuario de Bendueños, ☏ 674 671 706, benduenosalbergue@yahoo. es., gemeinsames Abendessen und Frühstück. Die Hospitaleros holen euch aber auch gerne in Erias ab.
Das Haus, in der sich die Herberge befindet, heißt *Casa de Novenas* und war einst eine Einsiedelei, später der Begegnungsort der Confradía Sacerdotales, einer Bruderschaft von Priestern.

Santuario de la Virgen de Bendueños
Die Legende sagt, dass sich an diesem Ort ein dem gallischen Gott Vindus geweihter Tempel befunden haben soll. Urkundlich belegt ist die Gründung eines Benediktinerklosters am 20. Januar 905 (just an diesem Tag stifteten Alfonso III. und seine Frau Jimena mehrere Kirchen und Klöster). Eine erste Kirche wurde im 16. Jh. durch das heutige *Santuario* (s. S. 61) ersetzt, Espadaña (s. S. 17), Sakristei und Seitenaltäre später angefügt.

Möchtet ihr euch nur die Kirche ansehen und nicht übernachten, erhaltet ihr den Schlüssel im letzten Haus davor links!

Bendueños, heute ein bisschen abseits der Route, liegt auf dem ganz ursprünglichen Verlauf des Camino de San Salvador und war nicht zuletzt wegen seiner Wallfahrtskirche für Pilger eine nicht unwichtige Station auf ihrem Weg.

Erias – Pola de Lena

(⇨ 8,7 km, ⇧ 50 m, ⇩ 300 m)

CdSS08

Auf der Straße der Eidechsen zu einem echten Halsknödel-Kirchlein – wenn Camino einfach und einfach nur schön ist!

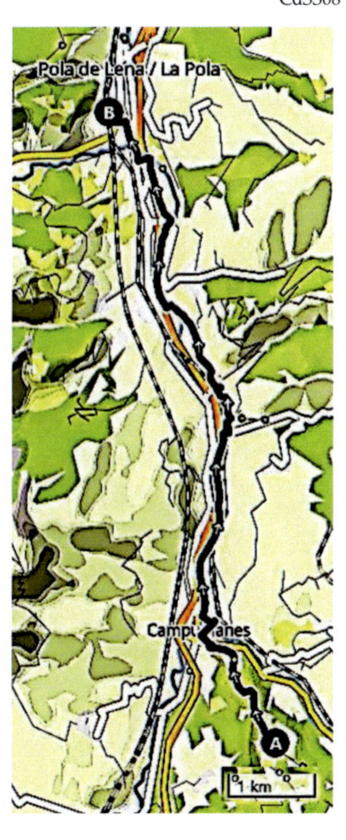

Wichtiges vorweg:

++/+ Campumanes (1,6 km)

La Cobertoria (5 km)

/++/+ Pola de Lena

Eine Übernachtung in der Albergue San Martín solltet ihr einen Tag vorher telefonisch anmelden!

In Erias lassen die gelben Pfeile diesen Fahrweg links liegen, zeigen nach

- geradeaus, schicken euch nach 100 m nach
- links und kraxeln am Ende des Dorfes erneut
- links mit einem kurzen, betonierten Wadenbeißerchen zu einem Feldweg hinauf, mit dem ihr links oberhalb des letzten Daches vorüberpilgert und die freie Sicht auf das Tal genießen dürft. Ihr verlasst diesen Weg (0,6 km)
- rechts bergab und erreicht mit der nächsten Fahrspur
- links

++/+ **Campumanes** (1,6 km).

Mit der ersten Straße –

- **+** geradeaus gibt es eine Apotheke und nach der nächsten Kreuzung
- Pensión Casa del Abad, C/F. Canseco, 15, ☏ 985 496 578, ab 35,--/EZ, ab 45,--/DZ.

- rechts kommt ihr zur N-630 und –
  - **++** rechts ist das Centro Salud Campumanes, C/la Divisa, 24, ☏ 985 496 622, 24/7, hinter einem Spielplatz –
- links an
- Bars vorbei zu einer Ampel (1,8 km).

An dieser Ampel
links kommt ihr

- gleich an einem Laden vorbei und zur
- Pensión Senda del Huerna, Av. del Huerna, 8, ☏ 985 496 447, ab 33,--/EZ, ab 45,--/DZ,

geradeaus der N-630 folgend kommt ihr nach etwa 500 m zum

- Hotel El Reundu, El Reundu, ☏ 985 496 377, ab 35,--/EZ, ab 60,--/DZ.

Die Pfeile überqueren die Nationalstraße an dieser Ampel nach

- rechts in Richtung *Estación*, Bahnhof, überqueren den Río Pajares und biegen (2 km)
- scharflinks in einen befestigten Spazierweg ab, der sehr nett am Fluss entlangführt, bis sich die Autobahn dazwischenschiebt (3,5 km).

Ich nenne diese Strecke die Straße der Eidechsen, denn was da alles herumwuselt – so viele Eidechsen habe ich noch nie auf einmal gesehen! Auf der rechten Seite der Autobahn weiterpilgernd erreicht ihr eine Landstraße (4,3 km), die

- rechts unter der Eisenbahn hindurchführt. Direkt danach, noch vor dem ersten Haus, erreichts ihr
- links auf Kopfsteinpflaster und an einer Mauer entlang auf der Spitze eines sanften Hügels ein ganz besonderes Halsknödel-Gotteshäuschen:

☿ **Santa Cristina de Lena** (4,5 km)

Ihr Standort, etwas erhaben auf einem sanften Hügel an einem seit Urzeiten benutzten Viehweg und der späteren Via de la Plata, wird mit vorzeitlichen Dolmen und Festungen in Verbindung gebracht. Die präromanische Kirche selbst wird der Epoche von Ramiro I. (842 – 850) zugeordnet. Dass sich in ihrer Nähe ein Ort befindet, der noch immer *Palacio*, Palast, genannt wird, lässt vermuten, dass sie dereinst als Palastkirche errichtet wurde. Einige Fachleute gehen allerdings davon aus, dass einzelne Medaillons im Innenraum weitaus ältere, vorchristliche Motive überdecken sollten.

Geweiht wurde sie der Märtyrerin

♁ **Santa Cristina de/von Bolsena** (Italien, 3. Jh.)

Um das Leben ihrer bildhübschen Tochter ausschließlich in den Dienst der römischen Götter zu stellen, schlossen ihre Eltern sie mit wertvollen Götterbildnissen sowie zwölf Dienerinnen in einen Turm, wo sie von einer der Zofen zum christlichen Glauben bekehrt wurde, die Bildnisse zerbrach und ihr wertvolles Edelmetall unter den Armen verteilte. Weil die darauffolgenden Züchtigungen ihres

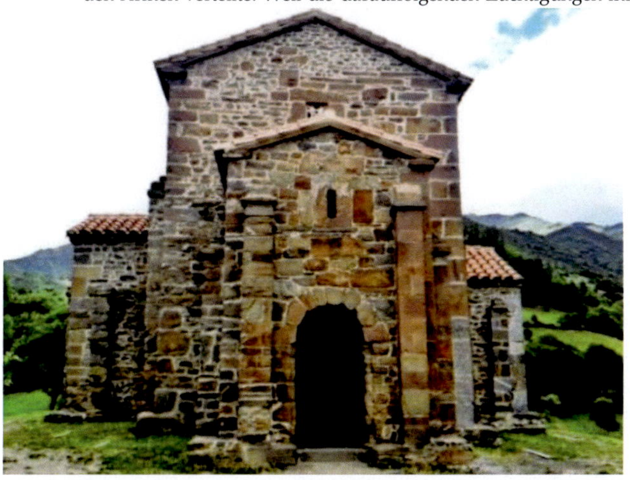

liebenden Vaters mit einer Rute noch nicht einmal einen Kratzer hinterließen, bezichtigte er sie der Hexerei, ließ sie ins Gefängnis werfen, ein reinigendes Bad im Meer nehmen ... mit einem Mühlstein um den Hals, versuchte sie drei Tage lang in einem glühenden Ofen durch Feuer zu läutern, riss ihr die Zunge heraus und verordnete ihr eine Kuscheleinheit mit Giftschlangen. Erst zwei Pfeile, einer ins Herz, einer in ihre Seite, zeigten ihre Wirkung und machten sie den Garaus und zu einer Märtyrerin.

Als später Pilger auf ihrem Weg nach Rom in Bolsena Station machten, verbreitete sich die Kunde über die Heilige schnell in ganz Europa.

Obwohl der Grundriss ihres Mauerwerks aus mit Mörtel zusammengefügten unregelmäßigen Bruchsteinen rechteckig ist, verleihen ihr die quadratischen Anbauten an den Seiten und am Chor sowie die 32 Strebepfeiler ein solch verwinkeltes Aussehen, dass der Volksmund ihr nachsagt, sie habe so viele Ecken, wie das Jahr Tage hat. Spaziert einmal in aller Ruhe um die Kirche herum und betrachtet euch genau jeden einzelnen Winkel und das Säulenfenster und die Transenna (s. u.) auf der Rückseite.

Ihr einschiffiger Innenraum wird von einem Tonnengewölbe mit fünf Gurtbögen überspannt. In den Zwickeln der seitlichen Blendarkaden befinden sich Medaillons. Der Altarraum ist, so verlangte es die Liturgie des Mittelalters, vom Bereich der Laien abgesetzt, ein wenig erhöht, über zwei seitliche schmale Treppen erreichbar und durch drei Rundbögen auf Marmorsäulen abgetrennt, an denen bei Bedarf Vorhänge befestigt werden konnten. Bei vier der fünf Transennen zwischen und über den Bögen handelt es sich um westgotische Marmorplatten, eine wurde aus einem Grabstein aus dem Jahr 643 gearbeitet. Im zentralen Bogen befindet sich eine zusätzliche Abgrenzung aus zwei Marmorplatten mit einem mittigen Pfeiler. Da sich auf ihnen neben den Reliefs von Rädern, Rosetten und Ranken unvollständige Schriftzeichen befinden, handelt es sich bei ihnen vermutlich ursprünglich um Schriftplatten.

Ach, ganz ehrlich? – Ich finde, es ist gut möglichst viel zu wissen. An einem so besonderen Ort wie diesem aber ist es viel wichtiger, ihn zu fühlen.

Natürlich gibt es auch zu diesem mystischen Ort eine kleine Legende:
Es heißt, unter ihrem Fundament verberge sich eine Höhle, in der ein Huhn lebt, das goldene Eier legt und alle 100 Jahre um die Kapelle herum gesichtet wird. Bei ihm soll es sich um den Vater von Christina von Bolsena handeln. Auch erzählt man sich, dass in der Nähe riesige Knochen gefunden worden waren.
Santa Cristina zählt mit den Kirchen von Naranco (s. S. 102) zu den bedeutendsten Gotteshäusern Asturiens und gehört seit 1998 zu den UNESCO-Kulturdenkmälern.

- April – Okt. 11.00 – 13.00/16.30 – 18.30, Dez. – März 11.00 – 13.00, montags und im November geschlossen, 1,50 €.
- Zu Ehren der Christina von Bonsena findet am letzten Sonntag im Juli eine *Romería*, Wallfahrt, mit Gottesdienst und der Brotauktion Puya'l Ramu statt.

Puya'l Ramu - Brotauktion
Dieser altasturische Brauch ist seit dem 14. Jh. dokumentiert, allerdings vermutet man seine Ursprünge bereits in vorchristlicher Zeit.
Nach einer *Romería*, Wallfahrt, bei der das verehrte Heiligenbild, *Ramu*, den Gläubigen vorausgetragen wird, werden während der Messe Brote gesegnet und anschließend meistbietend versteigert. Es heißt, diese Brote bringen Glück und schützen den Käufer vor Unheil. Oft tragen die Menschen zu diesem Anlass die
traditionelle Tracht **Traxe'l País** und tanzen zu den Klängen der
Gaita, Sackpfeife, und ***Pandereta***, Schellentrommel.

Transenna/Transennen – Gitterfenster
Diese oft kunstvoll mit Ornamenten durchbrochenen Platten aus Stein, Holz, Stuck oder Marmor findet man vorwiegend in vorromanischen Kirchen als Chorschranken oder Verschluss der Fensteröffnungen. In Spanien werden sie auch *Celosia*, Eifersüchtige, genannt (entspricht dem franz. *Jalousie*, was dazu führte, dass wir auch in Deutschland die Jalousien zuziehen).

Vielleicht fällt es euch nicht leicht, euch von diesem besonderen Ort zu lösen, aber es hilft alles nichts: Hier gibt es leider keine Herberge und Oviedo ist noch ein ganzes Stück entfernt.

Hinter der Kirche findet ihr einen Wirtschaftsweg, von dem ihr jedoch sofort wieder

☛ links in einen gesplitteten Pflasterpfad bergab abbiegt nach

La Cobertoria (5 km).

Nach dem Bahnhof geht ihr die Straße

☛ rechts ein Stück bergauf, biegt gleich in den nächsten Fahrweg
☛ links ein und folgt ihm, bis ihr
☛ links mit einer roten Fußgängerbrücke den Río Lena (6,2 km) überquert und seinem Lauf anschießend auf einem Fahrweg nach
☛ rechts zu einer Unterführung (7,3 km) folgt.

Da es nur am anderen Ende der Stadt einen weiteren größeren Supermarkt gibt, zeige ich euch schnell den Weg zu dem auf dieser Seite: Geht kurz vor der Unterführung rechts eine Straße hinauf, links zu einem Kreisel und seht ihn schon links auf der anderen Seite der A-66. Nach dem Einkauf folgt ihr einfach in Laufrichtung der Landstraße, die im Stadtbereich zur C/Robledo wird, auf die der Camino einschwenkt (s. u. 8,1 km).

Der Camino

☛ unterquert hier eine Landstraße, bleibt gleich danach
☛ linksgeradeaus dicht an der Seite der A-66 und überquert sie schließlich (8,1 km) nach

/++/+ **Pola de Lena**.

☛ Rechts wird die sehr belebte C/Robledo –
  - das Hotel Lena, C/de la Playa, 4, ☏ 985 493 234, ab 40,--/EZ, ab 50,--/DZ, findet ihr in der zweiten Straße rechts –

  in ihrem Verlauf zur C/de Vital Aza und führt euch vorbei am

☿ **Casa natal de Vital Aza** (18./19. Jh.), dem Geburtshaus des spanischen Schriftstellers, Poeten und Romanciers (25.04.1851 – 13.12.1912, rechts, Haus Nr. 15).

Gleich danach findet ihr auf der linken Seite eine Grünanlage rund um das *Ayuntamiento*, Rathaus (23,7 km), an der ich dieses Kapitel beende.

Hier links kommt ihr durch die C/Grande Covián zum Straßenknoten Plaza de Santa Teresa, die ihr sehr gut an einem taubenblauen Haus mit weißen Balkons erkennt. Hier
links kommt ihr zur

Res., 20/2, K/M, W/T, ganzjährig 13.00 – 21.00, 15,--
Albergue Roma, C/Canuto Hevía, 12, ☎ 677 856 645, 65,--/4Z;

rechts in Richtung Estaciíon, Bahnhof, erreicht ihr die

Res., 36/2, M, ganzjährig 15.30 – 18.30, 8,-- €
Albergue San Martín, C/Ramón y Cajal, 20, ☎ 682 577 256.

Es wird empfohlen, einen Tag vorher dort anzurufen.

Folgt ihr der C/de Vital Aza und dem Camino geradeaus, könnt ihr euch

ausgiebig kalte, warme, koffeinhaltige, isotonische und alle möglichen anderen Getränke nebst dem einen oder anderen Gaumenfreudchen zu Gemüte führen.

Zum Hotel La Payareta, C/Luis Menéndez Pidal, 12, ☎ 985 493 975, ab 20,--/Pilgernde, ab 36,--/DZ incl. Frühstück, geht ihr nach dem Rathauspark die zweite Straße rechts.

Hotel Ruta de la Plata de Asturias, C/Vital Aza, 6, ☎ 985 497 701, ab 44,--/DZ, direkt am Camino.

++ Zum Centro de Salud de Pola de Lena, C/de Vicente Regueral, 2, ☎ 985 492 445, geht ihr nach dem Theater Teatro Vital Aza rechts.

Einen größeren Supermarkt findet ihr erst am Ortsausgang (700 m).

Außerdem:

Apartamentos El Aramo, C/Arzobispo Blanco, 6 , ☎ 651 815 835, ab 75,--/Apartment

Apartmento El Mantial, C/Corporaciones de Lena, ☎ 651 815 835 ab 54,--/Apartment

Pola de Lena – Mieres del Camin – El Rollu

(⇨ 17,2 km, ⇧ 170 m, ⇩ 180 m)

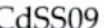
CdSS09

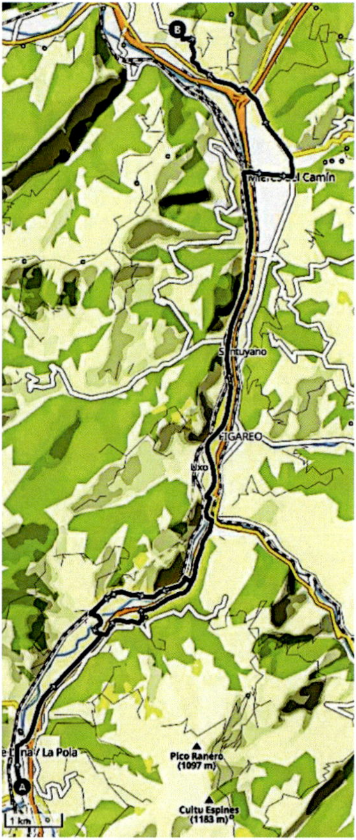

„Wer eine Freude an sich bindet,
der zerstört beschwingtes Leben.
Doch wer im Flug sie küsst und findet,
lebt vom ewigen Licht umgeben“

(William Blake)

oder

Immer nur Kaviar und Champagner ist auch wie Wasser und Brot!

Wichtiges vorweg

- ☕ Autobahnraststätte (3,2 km)
- ++/+ Mieres del Camino (13,2 km)
- El Rollu – bitte denkt an die Verpflegung!

Diese Etappe führt euch langsam zurück ins „normale“ Leben. Sie verläuft fast ausschließlich asphaltiert und eben zuerst an der Autobahn, dann am Río Caudal entlang. Erst nach Mieres del Camin gewinnt ihr erneut schnell an Höhe.

Die gelben Pfeile lassen mit der C/de Vital Aza das Rathaus

☞ geradeaus an eurer linken Schulter und leiten euch durch das

Ortszentrum. Nach einer Schule (rechts) und kurz vor einem

Supermarkt (0,7 km) führt

☞ rechts die AS-375 in Richtung A-66 nach Oviedo/León zu einem Kreisverkehr, den ihr nach

☞ geradeaus weiter in Richtung A-66 umstiefelt. Sofort nach der Brücke über den Río Lena dürft ihr

☞ linksgeradeaus von der Landstraße herunterrutschen und bewegt euch dicht links neben der Autobahn auf einer Asphaltspur.

An der übernächsten Unterführung (3,2 km) halte ich kurz an.

Wegalternative

Der Camino führt bald über einen Fußweg, den die Natur so lauschig fand, dass sie ihn sich wieder zurückeroberte. Darum möchte ich euch hier eine Alternativroute anbieten, auf deren Asphalt kein Gräslein wächst. Dazu biegt ihr –

direkt vor euch liegt eine Autobahnraststätte –

☞ links ab,

☞ überquert den Río Lena, geht sofort nach der Linkskurve (3,8 km)

☞ rechts durch die Gassen von **Villallana** vorbei an der **Capilla del Santisimo Cristo del Amparo** zur Hauptstraße Av. de Santiago/AS-375 (3,9 km) –

an ihr links gibt es in wenigen Metern zwei Bars –

und folgt dieser nach

☞ rechts.

Diese Straße ist zwar nicht wirklich stark befahren, allerdings bietet sie Fußgängern stellenweise keine Möglichkeit, unachtsamen Autofahrern aus der Reichweite ihrer Kühler zu hüpfen.

Nach einer großen Werkhalle (5,4 km, Fa. Costoya), findet ihr zwischen den nächsten Häusern (5,7 km)

☞ rechts eine Autobahnüberführung für Fußgänger und folgt sofort dem Motorengebrumm und dem Camino (dort bei 5,2 km)

☞ in Laufrichtung.

Camino

Ihr wechselt hier

☞ auf die rechte Seite der A-66, wendet euch sofort erneut nach

☞ links, umlauft eine

☕ Autobahnrastanlage auf einem Forstweg, stoßt in **El Castillu** (3,7 km) wieder auf Asphalt, folgt der LN-1 (3,9 km) kurz nach

☞ links, verlasst sie aber nach 100 m abermals

☞ links durch eine Lücke in der Leitplanke zu einem Fußweg, der euch ein wenig abenteuerlich-lauschig mehr oder weniger nahe an der Autobahn entlangführt und die von links über eine Fußgängerbrücke kommenden Alternativroutenpilgernden einsammelt (5,2 km), bevor auch er auf einem asphaltierten Fahrweg endet.

Ihr lasst (6,1 km) das Gelände einer Firma (Starglass) an eurer rechten Schulter, passiert das ehemalige Wärmekraftwerk

☿ **Antigua Estación Termoeléctrica** (Anfang 20. Jh.),

☞ überquert den Río Aller und

☞ unterwandert sofort die A-66 wieder zurück auf ihre rechte Seite (6,4 km). Mit der nächsten Brücke (6,9 km)

☞ überquert ihr den Río Caudal und bleibt auf einem asphaltierten Fußweg

☞ dicht an seinem Ufer. Hier tummelt sich alles, was Beine, Rollen oder Räder hat!

Möchtet ihr in der überwiegend von Studenten genutzten Residencia Universitaria de Mieres, C/Gonzalo Gutiérez Quirós, ☏ 625 185 301, 25,-/EZ mit Bad übernachten (bitte unbedingt vorher anmelden!), überquert ihr am Beginn von Mieres Fluss und Autobahn mit der ersten Straßenbrücke in Richtung A-66 Oviedo/Leon zu einem Kreisel mit dem buschig angepflanzten Namen der Stadt und verlasst diesen nach links, in 650 m, braunes großes Gebäude vor dem zweiten Kreisverkehr auf der rechten Seite. Ins Stadtzentrum und zurück zum Camino folgt ihr dieser Straße einfach weitere 700 m zur C/Manuel Llaneza.

++/+ **Mieres del Camin** (13,2 km) empfängt euch zunäcmit einer Reihe von Firmengebäuden, zwischen den ihr auch einen
Supermarkt (12,2 km) findet.

Am nächsten Fußgängersteg, Puente de la Perra (12,7 km), geht es in schneller Folge drunter und drüber, nämlich

- drüber über den Río Caudal,
- drunter unter der Autobahn hindurch,
- drüber über die Bahngleise und
- geradeaus mit der C/Manuel Llaneza zu einem Kreisverkehr, in dessen Mitte ein Brunnen fröhlich plätschert.

++ Zum Centro de Salud Mieres Norte, C/Ramon Pérez de Ayala, 25, 985 458 606, Mo. – Fr. 8.00 – 15.30, nehmt ihr die rechte der beiden Straßen nach links, geht geradeaus über einen großen Kreisverkehr mit Nadelbäumen, nach der zweiten Straße links auf der linken Seite.

Während ihr an diesem Kreisel der C/Manuel Llaneza

- geradeaus bis ganz zu deren oberen Ende folgt, werdet ihr feststellen, dass Mieres nicht nur eine sehr belebte, sondern auch sehr

gaststättenreiche Stadt ist, in der es je nach Pilgerherz (fast) alles gibt, was dieses begehrt.

Unterkünfte:

- Mit der ersten Straße, C/Vaeriano Miranda, rechts kommt ihr in 700 m ebenfalls zur Residencia Universitaria de Mieres (s. o.).
- Das Hostal Pachín y el gordo, C/Escuela de Capataces, 13, 985 465 927, hostalpachin.es, ab 30,--/EZ, ab 60,--/DZ, befindet sich in der dritten Straße links.
- Das Hotel Albar, C/Teodoro Cuestra, 3, 681 300 866, albar. es, ab 58,--/DZ, findet ihr am Ende der Straße rechts vor dem Rathaus.

Am Ende der C/Manuel Llaneza (13,5 km) biegt ihr

- links in die C/Ramón y Cajal/AS-242 ein, kommt an der Kirche **Iglesia San Juan** vorbei, folgt der AS-375 auf einem Bürgersteig,

☞ unterquert die AS-1 (15,1 km) und erreicht im Vorort **La Peña** einen Kreisverkehr (15,5 km), an dem ihr

☞ halbrechts in Richtung El Padrun auf die AS-375 wechselt.

Hostal La Peña, C/La Peña, 82, ☏ 985 466 715, ab 25,--/EZ, ab 40,--/DZ (für Pilgernde mit Credencial).

Leider endet der Fußgängerweg bald, so dass ihr

direkt auf der nicht oft, aber manchmal eben doch als solche genutzten Straße gehen müsst.

Sie steigt stetig und leider nicht wirklich gemächlich an und führt euch durch **Rebollada** (16,4 km) nach **EL Rollu** (17,2 km).

Res., 5/3, K, ganzj. ab 14.00, Spende
Acogida de Peregrinos Casa Alba, El Rollu, 35, ☏ 624 833 403, albadecantaro@outlook .es, Frühstück, keine Stockbetten.

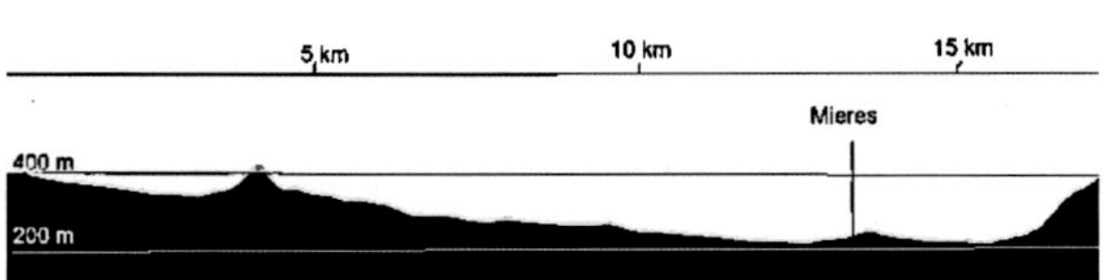

El Rollu – Oviedo

(⇨ 14,8 km, ⇧ 420 m, ⇩ 500 m)

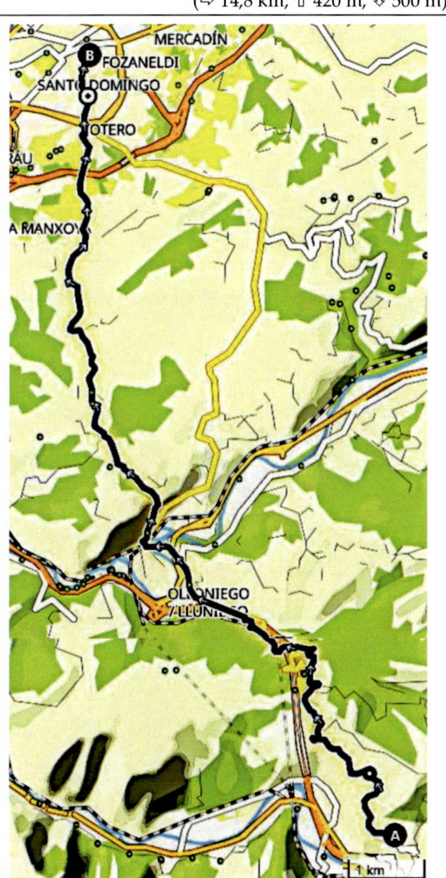

"Si piensas que la aventura es peligrosa, prueba la rutina." – *Wenn du denkst, dass das Abenteuer gefährlich ist, dann probiere die Routine.*

Wichtiges vorweg:
++/+ ☕🍎🚂🚌

Olloniego (5 km)

☕ El Caserón (12,3 km)

Ich finde, am Ende eines Caminos ist es immer ein schmaler Grat zwischen der Freude darüber, dass man den Weg genießen durfte, und der Traurigkeit, dass er zu Ende geht. Mit dieser Etappe geht nun ein ganz besonderer und besonders schöner Camino zu Ende.

CdSS10

Vielleicht habt ihr das Glück, eure Wanderung auf dem ebenso schönen Camino Primitivo oder Camino del Norte fortzusetzen. Dann könnt ihr ganz in Freude in Oviedo ankommen. Übrigens hat niemand gesagt, dass man einen Weg nur einmal gehen darf!

Geht ihr gerne auf Straßen, werdet ihr diese Etappe lieben, denn sie verläuft überwiegend auf der zum Glück nicht sehr häufig befahrenen AS-375. Alle anderen haben nach den leider wenigen, viel zu kurzen, aber wirklich schönen Abschnitten Zeit diese nachzugenießen.

Nunmehr zumindest ein bisschen bequemer, aber leider weiter unbefußwegt auf der Straße passiert ihr auch **Santa Llusia** (1,3 km) und **Aguilar** (2,4 km). In **Padrún** seid ihr oben und dürft gleich nach der *Residencia Geriatrica* (rechts), Seniorenresidenz, die Straße (3,2 km) nach

☛ rechts in Richtung **Casares** in einen schmalen Fahrweg verlassen. In diesem Dorf angekommen, bleibt ihr gleich an einem Waschhäuschen (3,4 km)
☛ links noch kurz auf Asphalt, bevor ihr nach 100 m
☛ rechts in einen sehr schönen und bequemen Fußweg ausweicht. Er endet wieder an der AS-375 (4 km), der ihr nach
☛ rechts folgt, bevor ihr sie abermals
☛ links in Richtung *Estación* (4,8 km) verlasst.

Gleich nach dem

☿ **Fuente de los Llocos** (18. Jh., 4,8 km)
☛ rechts unterquert ihr erst die Bahngleise,
☛ überquert die Autobahn auf einer Fußgängerbrücke und
☛ folgt einmal mehr der AS-375 nach und durch

++/+ Olloniego.

++ Das Centro de Salud, Av. Príncipe de Asturias, 99, ☏ 985 788 648, ⧗ Mo. – Fr. 8.30 – 1.00, sowie eine
+ Apotheke befinden sich direkt auf eurer Route.

Ihr bleibt auch über den Ort hinaus auf der Landstraße, lasst in **El Cruce** (6,4 km) eine große Abzweigung zur A-66 links liegen,

☛ unterquert die AS-116 (6,7 km) und

☛ überquert den Río Nalón auf einer

☿ Brücke aus dem 18. Jh.

Direkt danach macht die Straße in **El Portazgo** eine scharfe Rechtskurve (7 km). Hier dürft ihr AS-375 nach

☛ links verlassen, folgt sofort

☛ rechts dem Wanderwegweiser *„Senda Verde"*, an dem ihr euch von nun an zusätzlich orientieren könnt, und dürft bald auf einem sehr schönen Fußpfad durch einen Wald pilgern.

Senda Verde Oviedo – Fuso de la Reina

Vielleicht ist dieser 10,3 km lange, ebene und gut befestigte Fuß-, Rad- und Skaterweg auf einer ehemaligen Eisenbahntrasse eine gute Gelegenheit, die Beine gemütlich auszulaufen. Sie beginnt im Parque de Invierno in Oviedo und führt durch Tunnels und entlang des Río Nalón nach Caces.

Eukalyptus

Die Bäume, die so scharf riechen und so glatt und borkenlos sind, sind Eukalypten. Darüber, wie sinnvoll ihr Anbau in Spanien ist, scheiden sich die Gemüter: Einerseits waren die nordspanischen Landstriche vor seiner Anpflanzung nicht sehr bewaldet, andererseits wurden von ihnen die heimischen Korkeichen, mit deren Blättern die Bauern ihr Vieh fütterten, weitgehend verdrängt. Eukalyptus wächst enorm schnell und wird in nur 10 Jahren bis zu 30 m hoch. Bevor man ihn anpflanzen kann, muss der Boden jedoch tief umgepflügt und jahrelang brach gelassen werden, um den Humus herauszuschwemmen. Ein ausgewachsener Baum verbraucht täglich 500 l Grundwasser. Während dessen Spiegel sinkt, erhöhen die ätherischen Öle die Waldbrandgefahr. Als Monokultur wird er fast ausschließlich für die Zellstoffindustrie angebaut. Da es in Europa kein Tier gibt, das sich gerne von Eukalyptus ernährt, fallen die Wälder für Tiere und Insekten als Lebensraum aus.

An einer Minigolfanlage und einem Fußballfeld (7,8 km) bleibt ihr

☛ links mit einem asphaltierten Fahrweg bergauf, lasst einen Abzweig nach La Pena an eurer rechten Schulter und verlasst das Sträßchen gleich darauf (8 km)
☛ rechts in einen Fußpfad, der euch bald über die
☿ altehrwürdigen römischen Reste eines Teilstücks der Via de la Plata (s. S. 31) lustwandeln lässt.

Just an den ersten Häusern von **Picullanza** auf dem Alto Pico Llanza (363 m ü. NN) trefft ihr wieder auf das gerade verlassene Sträßchen (8,5 km). Hier führen die Pfeile

☛ rechts an ein paar Häusern vorbei und biegen an einer kleinen Kreuzung (links und geradeaus Straßen mit unterbrochener Mittellinie)
☛ rechts in in Richtung *„Senda Verde"* ein. Es geht noch kurz bergauf. Wenn der asphaltierte Fahrweg nach rechts in Richtung Oviedo abknickt (8,8 km), folgt ihr einem weiteren Wanderwegweiser
☛ linksgeradeaus auf einer Betonspur in eben diese Richtung und könnt schon bald einen ersten Blick auf Oviedo werfen.

Müsst ihr gerade mal schlucken? Nach all der Zeit in der Abgeschiedenheit der Bergdörfer zwischen Hügeln, Täler und Weiden, über lange Strecken weit weg von jeder „Zivilisation" und herausgenommen aus der Welt, ist dieser Anblick ziemlich ... beeindruckend, oder? Wollt ihr gerade kneifen und auf dem Stiefelabsatz wieder umkehren? – Neinneinnein, das gilted nicht! Hier wird nicht ausgebüxt!

An der nächsten Gabelung (8,9 km) schicken euch die Pfeile nach

☛ rechts in einen schmalen Fahrweg, der euch sehr schön durch Weiden schlendern lässt. Gleich am Ortsanfang von **San Miguel de la Pereda** (9,6 km) führen sie euch an einem freien Platz
☛ rechtsgeradeaus an den zwei nebeneinanderstehenden Paneras (s. S. 38) vorbei, am Ortsausgang auf einem Wirtschaftsweg an einer Trockenmauer entlang und ziemlich steil bergab durch einen Wald. Nachdem ihr den Arroyo de la Ceprosa überschritten habt, bringt euch eine asphaltierte Fahrspur (10,4 km)

☛ links kurz und knackig hinunter zum und über den Arroyo de Morente, um gleich ebenso knackig wieder nach oben zu steigen. Wie schön, dass ihr euch da am

☺ Aussichtspunkt Mirador de la Fuente el Arbol (11,6 km) ein bisschen ausruhen könnt!

In **Los Prietos** (11,8 km) wendet ihr euch an den ersten Häusern nach

☛ rechts und am dreieckigen, betonierten

☺ Dorfplatz von **Los Barredos** (12,1 km) nach

☛ links,

☛ überquert in

El Caserón (12,3 km) eine Straße und erreicht in **Merced** die Kirche

☿ **Parroquia Santiago Apostol Lamanyo** (12,8 km)
Auf seinem Vorplatz findet ihr den Heiligen Jakobus und das Glasfenster hinter dem Altar zeigt einen Wanderstab, die Muscheln und das Cruz de Santiago (s. S. 17).

Nachdem die Straße

☛ eine Autobahn (13 km) unterquert hat, findet ihr links von euch einen kleinen Graben, mit dem ihr die Straße (13,3 km) nach

☛ links in einen breiten, asphaltierten Fußgängerweg verlasst. An der nächsten Straße, C/Gil Blas, lasst ihr

☛ rechts – links mit der C/Aurelio de l Llano, eine kleine Grünanlage an eurer rechten Schulter,

☛ überquert die sehr verkehrsreiche C/Muñoz Degraín und seht schon

☛ geradeaus gegenüber in der C/Leopoldo Alas auf der linken Seite ein mehrstöckiges Gebäude oberhalb einer Mauer:

⌂⌂ 50/14, M, W/T, ⧗ ganzjährig 16.00/16.30 – 21.00, 7,50
Albergue de Peregrinos de El Salvador (13,8 km), C/Leopoldo Alas, 20, ☏ 985 228 525, info@caminosantiagoastur. com.

Hier erhaltet ihr die Salvadorana (s. S. 18)!

Am Ende dieser Straße stoßt ihr auf einen dreieckigen Verkehrsknoten mit

☿ dem **Monumento a Campumanes**, das den Juristen und Historiker bei seiner Schreibarbeit mit Feder zeigt, und geht

☞ gegenüber in die mit rötlichen Platten belegte Fußgängerzone, C/Magdalena, –

⇚ Green Hostel, C/Magdalena, 3, ☏ 985 022 668, 🌐 greenhostel. es, ab 22,--, ab 50,--/DZ –

☞ überquert die ⑤ **Plaza de la Constitución** (s. S. 101),

☞ schlupft unter dem Rathaus hindurch, erreicht forsch voran den Kathedralplatz Plaza de Alfonso II. (s. S. 98).

⌂♿ Res., 26/1, K/M, W/T, ganzj. 13.00 – 21.00, ab 25,--

Albergue Turístico La Peregrina, C/Gascona, 18, ☏ 687 133 932, 🌐 hostalfoncalada@gmail .com., mit der Nase zur Kathedrale links in 350 m nach dem

⇚ El Vasco Rooms, C/Gascona, 12, ☏ 687 133 932, ab 35,--/EZ, ab 38,--/DZ, ab 60,--/3Z

⌂♿ Res., 10/2, M, W/T, ganzj. 12.00 – 23.00, ab 20,--

La Hospedería Oviedo, C/Schultz, 7, ☏ 630 806 587, 🌐 lahospederiaoviedo@gmail. com, mit der Nase zur Kathedrale links – links um die Ecke.

Diese wohl ursprünglichste Herberge Oviedos befindet sich in einem Teil des Palastes von Alfonso II. El Casto, welches später in ein Pilger-*Hospital* umgewandelt wurde.

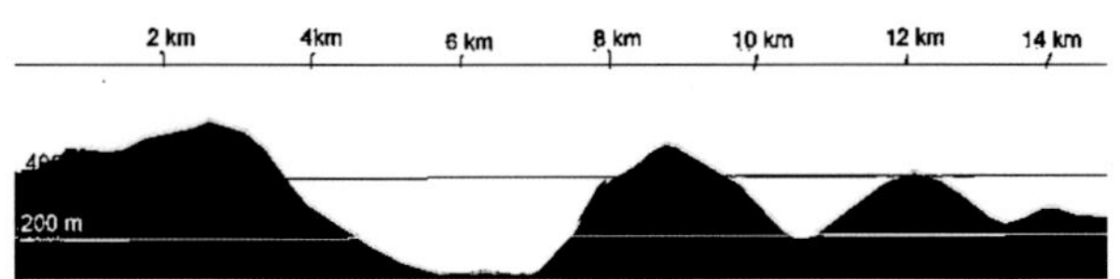

Oviedo

„¡Quien va a Santiago y no va al Salvador,
honra al criado y deja al Señor!" –
wer nach Santiago geht und nicht nach Salvador,
ehrt den Diener und nicht den Herrn.

761 gründeten der Mönch Máximo und sein Neffe Fromestano an der römischen Straße zwischen León und Lugo auf dem Hügel Ovetao ein Benediktinerkloster und eine *Ermita*, Kapelle, zu Ehren des Märtyrers San Vicente. Unter der Regentschaft von Alfonso II. (s. S. 27) entstanden u. a. zahlreiche Paläste und Kirchen.

Im 10. Jh. wurde Asturien (wie übrigens auch Galicien) in das Königsreich León eingegliedert und stand fortan unter dem in dessen Hauptstadt León geschwungenen Zepter. Damit verlor Oviedo zwar den weltlichen Glanz einer Krone, der spirituelle Glanz ihrer Reliquien in der Cámara Santa (s. u.) aber blieb und bewahrte der Stadt nicht nur ihre religiöse Bedeutung, sondern auch ihre Rolle als wichtige Pilgerstation auf dem Weg nach Santiago de Compostela.

Nachdem Oviedo am Weihnachtsabend des Jahres 1521 durch eine Feuersbrunst fast vollständig zerstört worden war, fand es in seinem Bischof Fernando Valdés y Salas (aus Salas, Camino Primitivo) einen wohltätigen Gönner: Er verfügte in seinem Testament die Gründung einer Universität, die 1608 realisiert wurde und die Stadt bis heute zu einem wissenschaftlichen und kulturellen Zentrum Asturiens macht.

Der Schriftsteller Leopoldo Alas, alias Clarin (1852 – 1901), lebte viele Jahre in Oviedo, das er als Vorlage für das Städtchen Vetusta hernahm, in dem sein Roman „La Regenta", die Präsidentin, spielt:

"Yo quiero que mi hija sepa el bien y el mal para que libremente escoja el bien; porque si no ¿qué mérito tendrán sus obras?"

Ich möchte, dass meine Tochter Gut und Böse kennt, damit sie sich frei
für das Gute entscheiden kann.
Welchen wert sollten sonst ihre Werke haben?

Eine Statue der stolzen Hauptfigur findet ihr auf dem Kathedralenplatz.

⁂ Die **Feria de la Ascensión** an Christi Himmelfahrt ist eine der wichtigsten Veranstaltungen Asturiens mit Markt auf dem Kathedralplatz, Konzerten und vielen anderen Veranstaltungen.

⁂ Die Tradition des Festes **La Balsequida/Martes al Campo** am Pfingstdienstag, geht zurück ins Jahr 1232, als die wohlhabende Doña Velazquita Giráldez ihren gesamten Besitz wohltätigen Zwecken spendete. Gefeiert wird mit Umzügen und

Bollos Preñaos, mit der scharfen Wurst Chorizo oder Speck gefüllte, „schwangere" Hefebrötchen.

⁂ Höhepunkt des kulturellen Lebens ist die mehrtägige **Fiesta de San Mateo**, Fest des Heiligen Matthäus, im September mit Konzerten, einer großen Prozession und vielen anderen Spektakeln.

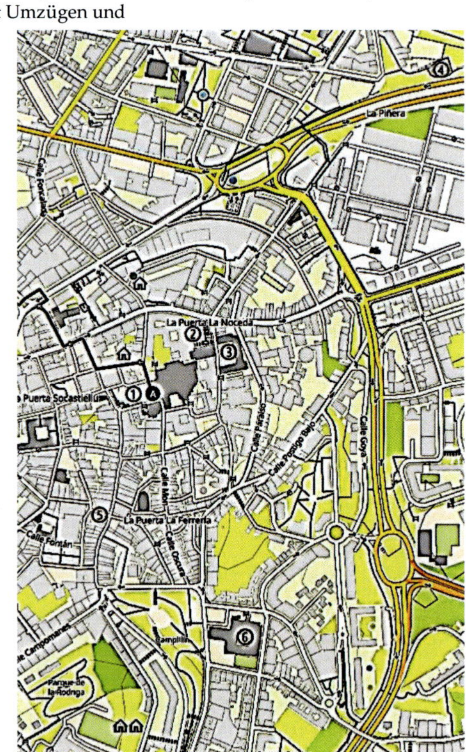

☿ Haltet bei einem Bummel durch die Stadt die Augen offen: Mehr als 100 Skulpturen verschiedener Stilrichtungen und unterschiedlichster Epochen und Motive, von der Comicfigur Mafalda bis Woody Allen, von tierisch bis abstrakt, machen Oviedo zu so etwas wie einem Freilichtmuseum auf offener Straße. Eine vollständige Karte der *Ruta de Esculturas* mit Beschreibungen aller Statuen habe ich leider nicht gefunden, aber auf guiadeasturias.com findet ihr zumindest Informationen über die direkt im Zentrum.

① **Santa Basilica Catedral de San Salvador**

Bereits 765 hatte Fruela I. den Bau einer Kirche veranlasst, die allerdings schon bald von den Mauren zerstört wurde. Sein Sohn Alfonso II. (s. S. 27), der sich selbst als „bescheidener Diener Christus" bezeichnete, ließ an den noch bestehenden Michaelsturm eine Palastkirche anbauen und 812 ohne große Umwege über Heilige direkt San Salvador, dem Erlöser, weihen. Sie besteht aus zwei übereinanderliegenden Kapellen, von der die untere, die Gruft **Cripta de Santa Leocadia**, die Gebeine asturischer Könige verwahrt. In der oberen **Capilla de San Miguel** befindet sich die **Cámara Santa** (s. u.)
Als ab 1388 die Kathedrale erbaut wurde, wurde dieses Kirchlein einfach integriert. Durch ihre sich bis ins 16. Jh. hinziehende Bauphase, vermischt sich ihre gotische Grundstruktur mit Elementen späterer Epochen.
Besonders schön sind der Kreuzgang, der Pilgerfriedhof mit seiner immergrünen Olive als Symbol für die Unsterblichkeit und dem Blick auf die romanischen Außenmauern der Cámara Santa und die Darstellung der *María de Leche*, stillenden Mutter Gottes, in der **Capilla del Santisimo**.

☞ Während Maria in Deutschland überwiegend bei der Geburt bzw. dem Tod Jesus dargestellt wird, wird sie in Spanien nicht nur als Muttergottes, sondern als die Mutter Gottes zutiefst verehrt. Immer wieder findet man Darstellungen von ihr schwanger, liebevoll schützend die Hand auf den Bauch gelegt, oder stillend.

Im Turm der Kathedrale schlägt seit 1219 die **Wamba**, die älteste Glocke Europas, tief, schwer und lange nachhallend und das nicht nur zur Weihnachtszeit und zu besonderen Anlässen, sondern auch zu den täglichen Messen. Sie ist 1,23 m hoch, hat einen Durchmesser von 1,19 m und wiegt satte 776 kg.

Cámara Santa

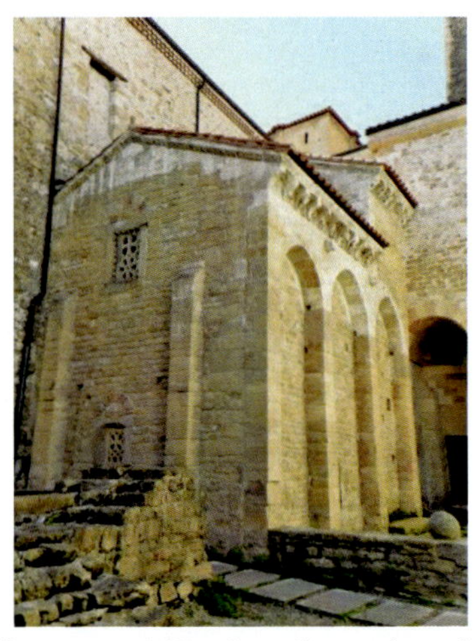

Der in Spanien bedeutendsten Reliquiensammlung wurde spätestens im Jahr 1075 das wertvollste Stück zugefügt, der heilige Schrein **Arca Santa**. Er soll aus Jerusalem stammen und das Grabtuch (ausgestellt am Karfreitag und zur Kreuzerhöhung vom 14. bis 21. September), Dornen aus der Dornenkrone und einen Splitter des Kreuzes von Jesus Christus beinhalten. Zum Kathedralschatz gehören überdies das **Cruz de los Angeles**, Kreuz der Engel, von dem man sagt, es sei das „Kreuz des Herren, aus himmlischen Händen", geschaffen von zwei Künstlern, die verschwanden, noch bevor man sie für ihren Dienst entlohnen konnte, sowie das **Cruz de Pelayo** (s. auch S. 38), eine Nachbildung des Kreuzes, unter dem Pelayo (s. S. 24) die Reconquista eröffnete, von Alfonso III. (866 – 910) in Erinnerung an die Schlacht von Covadonga (s. S. 24) gestiftet.

⌛ Mo. – Fr. 10.00 – 13.00/16.00 – 18.00, Sa. 10.00 – 13.00/16.00 – 17.00, 8,--, Turm 10,--.

💣 Vergesst nicht, euch die Salvadorana ausstellen zu lassen!

① Plaza Alfonso II. el Casto

Der Kathedralenplatz wird eingerahmt von alten *Pazos*, Herrenhäusern, und Palästen. Wenn ihr mögt, stellt euch zu mir mit dem Rücken zum Hauptportal und schaut sie euch ein bisschen genauer an.

Auf der rechten Seite:

☿ Der **Palacios de Valdecarzana** (Gebäude mit Balkons) ist eines der ersten Werke des asturischen Barocks und wurde ab 1627 für die asturische Adelsfamilie Miranda errichtet. Bemerkenswert ist das Wappen über

dem Portal, das Herakles im Kampf mit dem Löwen von Nemea zeigt. Die Sage hierzu in Kurzfassung: Herakles fiel bei der Göttin Hera in Ungnade, die schlug ihn mit einem solchen Wahnsinn, dass er seine zwölf Kinder ins Feuer warf, und musste zur Strafe für zwölf Jahre dem König Eurystheus dienen, der ihm zwölf Aufgaben auferlegte. Eine davon war, ihm das Fell eines bestimmten Löwen zu bringen. Als Herakles merkte, dass dieser unverwundbar war, griff er zu einer List, schnappte ihn, erlegte ihn mit dessen eigenen Krallen, zog ihm das Fell über die Ohren und ließ sich selbst aus ihm einen Umhang machen, der nunmehr ihn unverwundbar werden ließ.
An ihn schließt der

☿ **Palacio de Camposagrado** (ab 1698) an, heute Sitz des Obersten Gerichtshofs von Oviedo. Sein Portal liegt an der **Plaza Porlier**.

☞ Ein kurzer Spaziergang dorthin lohnt sich, denn dort findet ihr ein besonders prächtiges Barockgebäude aus dem Jahr 1752 (das weiße mit dem Türmchen). Kaum zu glauben, dass es einst dafür gedacht war, Pilgernde auf dem Weg nach Santiago de Compostela Unterschlupf zu bieten!

Gegenüber der Kathedrale von rechts nach links:

☿ Die Kapelle **Capilla de la Balesquida** wurde 1232 aus einer Spende an die Bruderschaft Cofradía de Nuestra Señora de la Esperanza von dieser als *Hospital* für Pilger errichtet.
Sie schmiegt sich an das

☿ **Casa de los Llanes** aus dem Jahr 1741.

☿ Das anschließende **Colegio Notarial** stammt ebenfalls aus dem 18. Jh.

☿ **Casa de la Rúa**
Das Steingebäude mit unregelmäßigen Fenstern stammt aus dem 15. Jh., gruppiert sich allerdings um den Turm eines Vorgängergebäudes aus dem 14. Jh. und enthält Reste aus dem 13. Jh. Da es die Brandkatastrophe von 1521 überstanden hat, gilt es als eines der ältesten zivilen Bauten der Stadt.

Auf der linken Seite:

☿ **Palacio de Velarde**
Das Eckhaus gegenüber des Casa de la Rúa stammt aus dem Jahr 1765 und beheimatet das **Museo de Bellas Artes**.
⌛ 11.00 – 15.00/16.00 – 21.00, 10,--.

☿ **San Tirso**

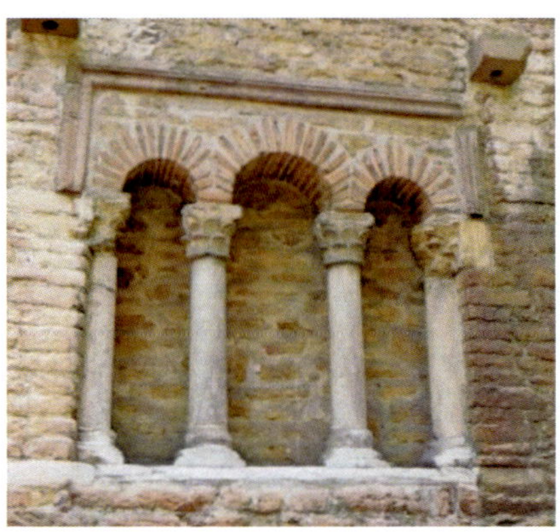

Die Kirche direkt neben der Kathedrale wird ebenfalls Alfonso II. als Teil seiner Palastanlage zugeschrieben. Allerdings blieb durch den Brand 1521 nur die Ostfassade (Rückseite) mit einem beachtenswerten präromanischen Drillingsfenster aus Backsteinbögen auf Marmorsäulen erhalten.

⌛ 18.00 – 19.00, Gottesdienste: 19.00, So. 12.30/19.00.

Rechts neben der Kathedrale an der Plaza del Camino de Santiago:

☿ Eine lebensgroßen Statue des keuschen Alfonso II. und nur wenige Schritte weiter

✋ ein Schild und eine in den Boden der C/del Águila eingelassene Tafel, an der der Camino de la Costa/Camino del Norte (geradeaus) und der Camino Primitivo (links) getrennte Wege gehen.

② **Monasterio San Pelayo**

Das Benediktinerkloster, wurde, ihr denkt es euch schon, vom Alfonso II. gegründet und zunächst Johannes dem Täufer gewidmet. Die heutigen Gebäude stammen aus dem 10. Jh., wurden ab dem 16. Jh. jedoch so oft umgebaut, dass nur sein Kreuzgang ursprünglich ist.

③ Auf der Rückseite der Kathedrale findet ihr an der **Plaza de Feijoo:**

☿ **Iglesia de Santa María de la Corte**

Die Kirche wurde 1592 geweiht.

☿ **Museo Arquelógico de Asturias**
Es befindet sich ebenfalls an der Rückseite der Kathedrale und verwahrt u. a. die Altarplatten der Kirchen von Naranco (s. S. 102).
⏳ Mi. – Sa. 9.30 – 14.00/17.00 – 20.00, So. 9.30 – 15.00, Eintritt frei.

④ **Santuyano de San Julián de los Prados** (1 km)

Dieses romanische *Santuario* (s. S. 61) entstand ebenfalls unter Alfonso II. Besonders interessant ist, dass das Querhaus höher ist als das Langhaus und Säulen und Kapitelle aus römischer Zeit eingearbeitet wurden. An der nördlichen Seitenapsis findet ihr ein Fenster mit originalem Transenna. Die Fresken im Innenraum werden auf 812 – 842 datiert.

⏳ Führungen alle 45 Minuten, Okt. – Juni und montags nur vormittags, Juli – Sept. Di. – Sa. vor- und nachmittags, So. geschlossen, 4,--.

⑤ **Plaza de la Constitución**

ⓘ Touristeninformation, Plaza de la Constitución, 4, ☎ 985 213 385, 🌐 oviedo.es, ⏳ Mo. – Sa. 10.00 – 18.00

☿ **Parroquia de San Isidoro el Real**
Die einschiffige Pfarrkirche wurde 1681 als Teil der Jesuitenschule San Matías eingeweiht. Das Colegio selbst wurde 1873 abgerissen, um
Platz für die Markthalle **Mercado del Fontán** (so genannt, weil es hier eine Quelle gab) zu schaffen.

⑥ **Iglesia Santo Domingo**

Die heutige Pfarrkirche wurde ab 1526 als Teil des dominikanischen Klosters errichtet, welches bald bekannt für seine Lehrstühle der Philosophie und Theologie wurde. 1835 wurde der Konvent im Zuge der *Desamortización* (Desarmotisierung/Säkularisierung: Enteignung und Verstaatlichung von Kirchenbesitz) enteignet und die Gebäude als Krankenhaus genutzt. Um 1895 erhielt der Orden das Kloster zurück, die Kirche ihr heutiges Portal und die Räume erneut Schulbänke. Heute befindet sich in ihm das Colegio de Santo Domingo de Oviedo. Da die Gebäude während der Spanischen Revolution und des Bürgerkrieges stark beschädigt und 1946 wieder hergerichtet wurden, ist von seinen ursprünglichen Mauern nur der Kreuzgang erhalten.

... und dann kommt der Abspann!

Darf ich euch jetzt erst einmal umarmen, bitte? Ihr seid angekommen!

Ihr seid Helden!

Hier ist der Weg und dieser Bauchfüßler zu Ende. – Und jetzt?

Vielleicht setzt ihr euren Weg hier auch über den Camino del Norte oder den Camino Primitivo fort. Ich bin mir sicher, das Gehen wird euch nicht schwerfallen, denn ihr seid bestens eingelaufen!

Vielleicht ist eure Wanderung aber auch hier (vorerst) zu Ende und ihr fahrt wieder nach Hause. Dann wird euch der Einstieg in den Alltag nach all den Tagen in den kantabrischen Gebirgsdörfern vielleicht ein wenig schwerfallen. Ihr wart in diesen Tagen ein bisschen wie in einer Parallelwelt, zwar auch auf der Erde, aber irgendwie ganz anders. Ihr wart reduziert auf das, was ihr auf dem Rücken trugt, musstet nicht weiter als bis zur nächsten Bar oder Herberge denken. Ihr hattet die Zeit, Ruhe und den nötigen Abstand euch neu zu orientieren, zu gucken, wo ihr seid und wo ihr hinwollt, euch neu aufzustellen, Dinge neu und vielleicht ganz anders zu bewerten, eure Perspektive zu verändern.

Wenn zu Hause eure Füße unruhig werden und einfach wieder loslaufen möchten, ist das der Pilgervirus, der erwischt ganz viele! Er ist unheilbar, aber glaubt mir: Man kann gut mit ihm leben, denn es gibt so viele schöne Jakobswege! Vielleicht treffen wir uns ja auf einem von ihnen wieder!

Mir bleibt nur, euch noch einmal ganz lieb und feste über den Arm zu schrubben: Vielen Dank, dass ich euch begleiten durfte! Das ist für mich .... halsknödelig groß und wertvoll.

Wohin auch immer euch eure Füße tragen:
Ich wünsche euch von Herzen allzeit

¡buen Camino!

Naranco

Ich möchte euch ganz dringend dazu verführen, diesen Camino mit einem Spaziergang (4,1 km) abzuschließen bzw., wenn ihr euren Weg auf dem Camino Primitivo fortsetzt, mit diesem kleinen Umweg (ca. 1 km, die Fortsetzung findet ihr dann in meinem Pilgerführer „Camino Primitivo für Bauchfüßler") zu beginnen.

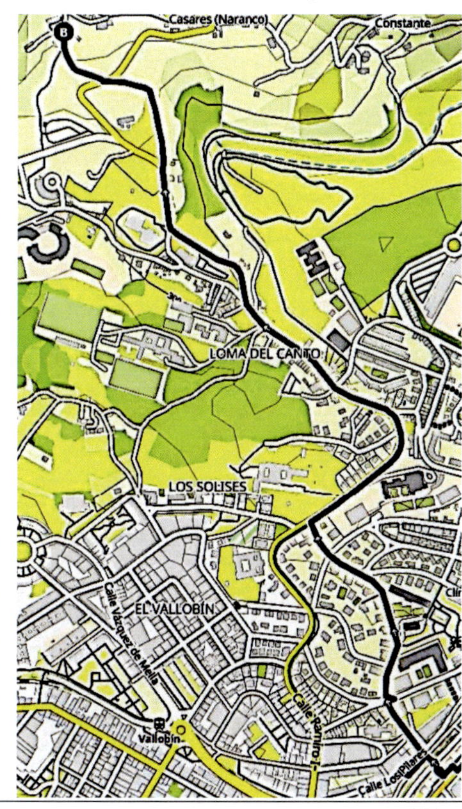

Die beiden präromanischen Kirchlein **Santa María** und **San Miguel de Lillo** gehören seit 1985 zu den UNESCO Kulturdenkmälern und sind echte Halsknödelorte!

Die Anhöhe am Hang des Monte Naranco gefiel schon den Römern so gut, dass sie dort Thermen installierten. Ramiro I. (842 bis 850, ihm wird der Sieg in der legendären Schlacht von Clavijo (s. S. 25) zugeschrieben) wählte diesen Ort für seine

Sommerresidenz, bestehend aus einem Belvedere (Gebäude/-teil mit schöner Aussicht) mit Regierungsräumen, einer Palast-Kapelle, Wohn-, Bade- und Nebengebäuden. Bis heute erhalten sind allerdings nur zwei Palastteile, nämlich eben diese beiden Gotteshäuser.

⌛ 01.04. – 30.09. Di. – Sa. 9.30 – 13.00/15.30 – 19.00, So./Mo. 9.30 – 13.00, 01.10. – 31.03. Di. – Sa. 10.00 – 14.00, So./Mo. 10.00 – 12.30, Führungen in Spanisch, Ticket-Verkauf und Treffpunkt an der Kirche Santa María, 4,--.

An der ① Plaza del Camino de Santiago folgt ihr dem Pfeil des Camino Primitivo nach

☛ links in die C/Schultz und findet
☝ in den Boden eingelassen *Conchas*, Muscheln, die euch
☛ rechts durch die C/San Juan zur C/Jovellanos leiten. Die überquert ihr nach
☛ schräglinks zur C/La Luna, kreuzt an ihrem Ende die C/Manuel García Conde
☛ halblinks in die C/Covadonga und folgt ihr, der C/Melquiades Álvarez und der C/Indepencia hinauf zu einer riesigen Straße, der Calle del Ingeniero Marquína/N-634 (1,2 km). Dort seht ihr
☛ gegenüber (gleich links ist eine Fußgängerampel) eine
☛ Treppe hinauf zur Av. Fundación Principe de Asturias und auf deren
☛ gegenüberliegenden Seite etwas links unterhalb das Aquädukt

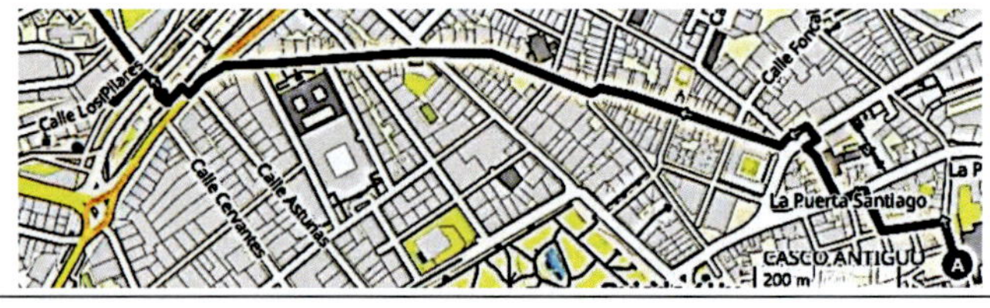

☿ **Acueducto de los Pilares** (1,3 km)
Von den 1570 – 1599 errichteten 42 Bögen, die die Stadt bis 1864 auf einer Länge von 390 m und mit einer Höhe von 10 m mit Wasser vom Monte Naranco versorgten, blieben leider nur diese fünf erhalten; der Rest wurde 1915 abgerissen. Finanziert wurden die Baukosten von 15.500 Dukaten übrigens aus Steuern auf Wein und *Sidra* (s. S. 37).

Zu ihm führt eine Treppe
☛ hinunter und an deren gegenüberliegenden Ende eine andere wieder
☛ hinauf zur Av. de San Pedro de Los Arcos (2 km), der ihr
☛ geradeaus bergauf auch dann folgt, wenn sie in einer leichten Linkskurve in die C/Peña Urbiña (2,3 km) übergeht.

☿ Die riesige Figur ganz oben auf dem Berg ist **Christo del Naranco**, eine 35 m hohe Jesus-Statue, die die Stadt Oviedo symbolisch umarmt.

Am Ende (2,4 km) stapft ihr die Av. de los Monumentos nach
☛ rechts hinauf. Hinter dem **Monasterio de la Visitación de Santa María** (links, nicht früher!) findet ihr einen Weg (3,5 km) nach
☛ rechts mit Schranke. Ihr kreuzt die Straße (3,8 km) noch einmal
☛ geradeaus zu Asphalt und folgt an einem Brunnen dem Wegweiser
☛ rechts zur Kirche **Santa María del Naranco** (4,1 km).

Und jetzt wünsche ich euch ganz viel Spaß beim Gucken und Fühlen!

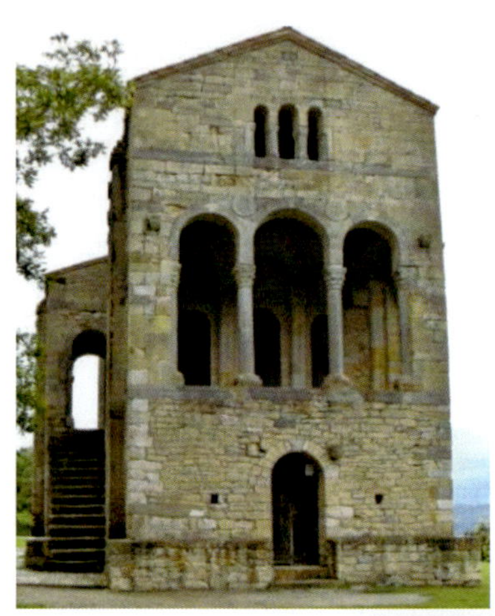

Santa María del Naranco

Der 20 m x 6 m große Bau aus Quader- und Bruchsteinen war einst, ihr erratet es sicher an den drei Arkadenbögen der Loggia mit Blick ins Tal, das Belvedere der Palastanlage. Während man sich unten in der heutigen Krypta wahrscheinlich mit der Körperreinigung beschäftigte, wurde der obere Bereich für repräsentative Zwecke genutzt.

Erst als die eigentliche Palastkirche San Miguel de Lillo bei einem Erdrutsch im 12. oder 13. Jh. schwer beschädigt worden war, wurde das Gebäude zu einer Kirche umfunktioniert und Maria geweiht. Beachtet innen neben dem von Gurtbögen getragenen Tonnengewölbe und dem Altar in der Loggia vor allem die sehr plateresken (s. S. 45) Steinmetzarbeiten an den Kapitellen, in den Zwickeln und auf den Medaillons mit Darstellungen von Vögeln, Löwen und Personen, umrahmt von sogenannten Taubändern (weil sie aussehen wie Seile).

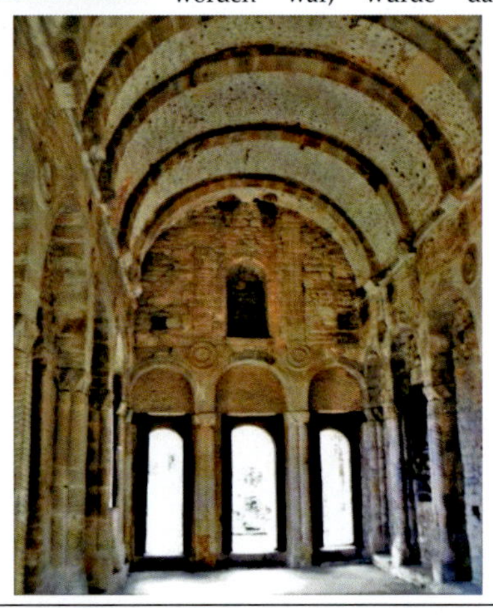

Mit der Straße oberhalb nach links kommt ihr mit wenigen Schritten zu

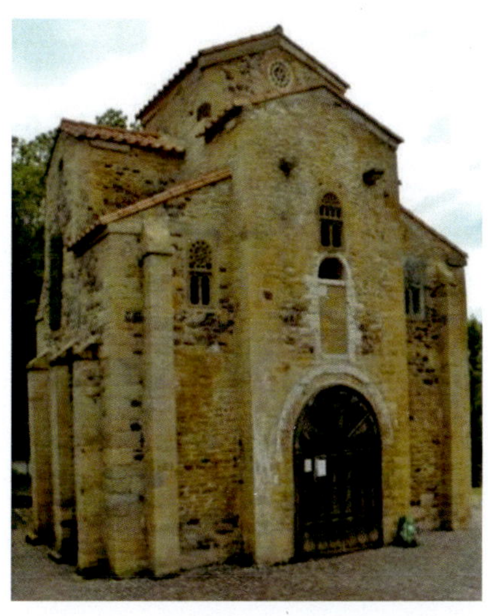

San Miguel de Lillo.

Vom diesem Gotteshaus habe ich sogar ein ganz genaues Datum gefunden: Sie wurde als Palast-Kapelle ursprünglich der Muttergottes geweiht, und zwar am „neunten Tag der Kalenden des Julis der spanischen Ära 886“ (julianischer Kalender) – so, jetzt wisst ihr Bescheid. Nein? – Na gut, das war der 23. Juni 848 nach unserem (gregorianischen) Kalender. Sie galt als die schönste und vollkommenste Kirche Spaniens und besaß als absolutes Novum keine Holz- oder Ziegeldecke, sondern ein richtiges Steingewölbe. Durch den Erdrutsch (s. o.) blieb von dem ehemals dreischiffigen Bau nur ein Drittel (westlicher Vorbau mit Eingangsportal und vorderem Teil des Langhauses). Nach ihrer Instandsetzung wurde sie dem Heiligen Michael gewidmet (den Platz der Marienkirche hatte ja inzwischen das ehemalige Belvedere eingenommen).

Schaut euch hier ein bisschen genauer die wunderschönen Fenster mit Transennen (s. S. 81) an!

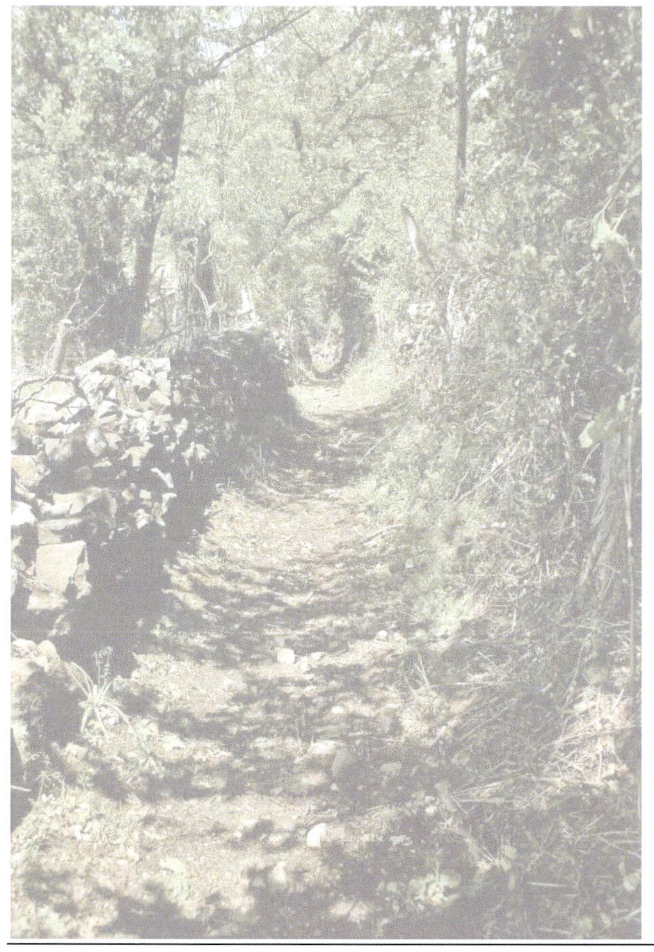

Verzeichnis des geballten Wissens

Allzeit griffbereit!

Vorwahl Spanien: 00 34
Vorwahl Deutschland: 00 49

Notrufnummern:

	Notruf allgemein/Polizei:	112
	Notarzt:	061
	Feuerwehr:	085

Botschaft der Bundesrepublik Deutschland

Calle de Fortuny, 8, 28010 Madrid.
☏ 91 557 90 00
Fax: 91 310 21 04
info@madrid.diplo.de

Taxis

León:	☏ 987 261 415, ☏ 987 106 006, ☏ 650 284 532
La Robla:	☏ 618 809 680, ☏ 608 180 010, ☏ 616 996 985
Pola de Lena:	☏ 689 300 853
Mieres:	☏ 985 466 666, ☏ 985 464 444
Oviedo:	☏ 985 250 000, ☏ 985 252 500

Bus:	🌍 alsa.es
	🌍 monbus.es
Zug:	🌍 renfe.com